Samuel Salzborn (Hrsg.)
Schule und Antisemitismus

Samuel Salzborn (Hrsg.)

Schule und Antisemitismus

Politische Bestandsaufnahme und pädagogische Handlungsmöglichkeiten

2., überarbeitete Auflage

BELTZ JUVENTA

Der Herausgeber

Samuel Salzborn, geb. 1977 in Hannover, Prof. Dr., ist apl. Professor für Politikwissenschaft an der Justus-Liebig-Universität Gießen. Studium der Politikwissenschaft, Soziologie, Psychologie und Rechtswissenschaft an der Universität Hannover, Promotion (Köln) und Habilitation (Gießen) im Fach Politikwissenschaft.

FSC www.fsc.org MIX Papier aus verantwortungsvollen Quellen FSC® C089473

Dieses Buch ist erhältlich als:
ISBN 978-3-7799-6584-8 Print
ISBN 978-3-7799-6585-5 E-Book (PDF)

2., überarbeitete Auflage 2021

in der Verlagsgruppe Beltz · Weinheim Basel
Werderstraße 10, 69469 Weinheim

Herstellung und Satz: Ulrike Poppel
Druck und Bindung: Beltz Grafische Betriebe, Bad Langensalza
Printed in Germany

Weitere Informationen zu unseren Autor_innen und Titeln finden Sie unter: www.beltz.de

Inhalt

Vorwort

Samuel Salzborn

Antisemitismus in der Schule ist ein Dauerthema für Politik und Pädagogik. Die Herausforderungen sind vielfältig und reichen von der Alltagsdiskriminierung bis hin zur Frage der Qualität von Schulbüchern. Der vorliegende Band gibt einen Überblick über den gegenwärtigen Forschungsstand und entwickelt mehrere pädagogische Modelle, die in unterschiedlichen Fächern zum Themenbereich Antisemitismus eingesetzt werden können. Er verknüpft damit die Darstellung zentraler Erkenntnisse über das Thema mit praktischen Hilfestellungen für den Schulunterricht. Bei den pädagogischen Ansätzen handelt es sich zum einen um generelle Thematisierungen, die Schlüsselfragen im Kontext von Antisemitismus, Rassismus und Verschwörungsdenken thematisieren, zum anderen um konkrete Ansätze für einzelnen Fachunterricht, der sich mit visuellen und literarischen Fragen befasst bzw. das im schulischen Alltag omnipräsente Thema des Rap und damit der jugendsubkulturellen Verankerung von antisemitischen Stereotypen problematisiert.

Während der erste Beitrag ursprünglich als wissenschaftliches Gutachten erstellt und für die vorliegende Veröffentlichung aktualisiert wurde, gehen alle anderen Aufsätze auf ein mehrsemestriges Projekt am Zentrum für Antisemitismusforschung zurück, in dem ausgehend von der exemplarischen Analyse von Schulbüchern und Bildungsmaterialien der außerschulischen Bildungsarbeit zum Thema Antisemitismus, versucht wurde, einerseits Schlüsselfragen im Querschnittsbereich aller Unterrichtsfächer zu identifizieren, andererseits die vorhandene Fachexpertise der beteiligten Autorinnen zu nutzen, um konkrete Hintergrundmaterialien für einzelne Fächer zu entwickeln.

Die Diskussion über Antisemitismus in der Schule befindet sich gerade erst am Anfang. Denn der Fokus lag in den letzten Jahren vor allem auf außerschulischen Angeboten der (Erwachsenen-)Bildung und dem Versuch, diese – vor allem für Fort- und Weiterbildungen – auf die schulischen Herausforderungen zu übertragen. Insofern wird der vorliegende Band auf viele Fragen noch keine Antworten liefern können, da letztlich eine systematische Überarbeitung der Lehrpläne mindestens im geistes- und gesellschaftlichen Bereich vonnöten ist. Folgt man den gemeinsamen Empfehlungen der Kultusministerkonferenz und des Zentralrates der Juden, vor allem auch die Geschichte, Kultur und Religion des Judentums im Unterricht als selbstverständlichen Teil zu behandeln, der nicht zur unbewussten Exterritorialisierung wird, dann zeigt sich darüber hinaus, dass die Verantwortung für das Thema letztlich nicht nur wissenschaftlich interdisziplinär, sondern schulisch in der Tat fächerübergreifend zu lokalisieren ist, also alle Fächer in ihrem jeweils spezifischen Zugriff eine Verantwortung übernehmen sollten – und sei es beispielsweise „nur" bei der Befassung mit der jeweiligen Geschichte des Faches.

Es bleibt zu hoffen, dass die hier vorgestellten Überlegungen zusammen mit den Arbeiten, die nach und nach an anderer Stelle entstehen, einen ersten Impuls liefern werden, um das Thema sehr viel nachhaltiger ins Bewusstsein von Lehrkräften zu bringen und darüber hinaus die – weithin bekannten und auch in diesem Band systematisch dargestellten – Herausforderungen auf die politische Agenda der Kultusministerien zu setzen: denn für das Thema Antisemitismus sensible und kompetente Lehrkräfte sind das eine – das andere ist der dringende Überarbeitungsbedarf der Lehrpläne und darüber hinaus der Ausbildungssituation an deutschen Universitäten, in denen Antisemitismusforschung nicht nur, aber auch im Bereich der Lehramtsausbildung nach wie vor ein absolutes Nischendasein fristet.

Antisemitismus in der Schule

Erkenntnisstand und Handlungsperspektiven

Samuel Salzborn und Alexandra Kurth

Angesichts der zahlreichen in jüngster Zeit bekannt gewordenen antisemitischen Vorfälle in Schulen ist das Thema „Antisemitismus in der Schule“ öffentlich präsent. [1]Vor dem Hintergrund, dass Antisemitismus in jüngster Vergangenheit nicht nur tatsächlich aggressiver und gewaltförmiger geworden ist, sondern auch – etwa durch antisemitische Artikulationen in sozialen Medien – für eine breite Öffentlichkeit sichtbarer, bleibt unklar, inwiefern die aktuellen Übergriffe in Schulen ein neues Phänomen sind oder nicht vielmehr eine lange, aber nicht öffentlich thematisierte und damit unsichtbare Vorgeschichte haben. Es spricht zwar – aus zahlreichen persönlichen Schilderungen von Betroffenen – vieles dafür, dass der schulische Antisemitismus nicht neu ist, belastbare empirische Forschung darüber hat es in der Vergangenheit aber nicht gegeben und auch in der Gegenwart beginnt die systematische Erfassung von antisemitischer Diskriminierung in der Schule erst langsam (vgl. Bernstein 2018). Pilotstudien des American Jewish Committee Berlin (AJC) und des Kompetenzzentrums für Prävention und Empowerment der Zentralwohlfahrtsstelle der Juden in Deutschland (ZWST) haben gerade erst begonnen, die Dramatik von antisemitischer Alltagsdiskriminierung in Schulen auf eine empirisch belastbare Basis zu stellen.

Die bisherige Diskussion des Themas hat stark auf Bildungsansätze fokussiert, die die unmittelbare Verantwortung der schulischen Akteure – von den Lehrer(inne)n, der Schulleitung, den Schüler(inne)n und Eltern, aber auch den Schulaufsichtsbehörden – seltsam blass haben erscheinen lassen. Damit wurden aber genau jene Akteure als Verantwortliche für Diskriminierung, für Passivität, Schweigen und Nicht-Handeln dethematisiert. Denn zumeist wurde und wird vor allem auf außerschulische Bildungsangebote (vgl. Schäuble 2012), wie sie unter anderem bildungspolitische Akteure wie die Bundeszentrale für politische Bildung (vgl. BpB 2016), die Kreuzberger Initiative gegen

1 Der vorliegende Beitrag wurde am 25. Januar 2019 als wissenschaftliches Gutachten erstellt und für die Veröffentlichung geringfügig aktualisiert.

Antisemitismus (vgl. KIgA 2013, 2017), das Kompetenzzentrum Prävention und Empowerment der Zentralwohlfahrtsstelle der Juden in Deutschland (vgl. Chernivsky/Scheuring 2016; ZWST 2018) oder die Kölner Infound Bildungsstelle gegen Rechtsextremismus (vgl. Brühl/Meier 2014) vorgelegt haben, verwiesen (siehe hierzu auch: Unabhängiger Expertenkreis Antisemitismus 2017: 248 ff.). Diese sind fraglos wichtig, etwa im Bereich der Weiterbildung von Lehrkräften oder auch in der Krisenintervention bei größeren Problemfällen in einzelnen Schulen. An den hohen Erwartungen, als eine Art „Feuerwehr" in Notsituationen zu fungieren, müssen sie jedoch aus strukturellen wie inhaltlichen Gründen zwangsläufig scheitern: Eine demokratische politische Bildung, die politische Bildung (auch) als Erziehung zur Mündigkeit begreift, kann nicht kurz-, sondern nur mittel- und langfristig erfolgreich sein. Die aktiven Bildungsträger gegen Antisemitismus, welche ihre Angebote im Feld der Schule anbieten, können nicht flächendeckend im ganzen Bundesgebiet agieren und werden immer nur dann in schulische Arbeit integriert, wenn der Antisemitismus als massives und manifestes Problem in Schulen bereits im schulischen Alltag sichtbar geworden ist. Und auch die Lehrkräfte, die sich freiwillig im Bereich Antisemitismus fort- und weiterbilden, sind in der Regel nicht das Problem, da sie bereits über ein Problembewusstsein verfügen, das sie Fortbildungsangebote nutzen lässt. Antisemitische Lehrkräfte wird man über solche freiwilligen Angebote jedoch nicht dazu bringen, ihre Lehrpraxis zu ändern. Dafür sind strukturelle und durchaus – wie bisher allerdings nur in Einzelfällen geschehen – disziplinarische Maßnahmen notwendig.

Auf einen Punkt gebracht: Antisemitismus in der Schule ist ein öffentliches Thema, dem sich manche schulischen Akteure entziehen möchten. Wenn man sich des Themas nur anlassbezogen und sporadisch, beispielsweise in einer Projektwoche, annimmt, kann man Diskussionen über die Fragen vermeiden, ob einzelne Kolleg(inn)en im eigenen Lehrkörper Antisemit(inn)en sind, ob es Schüler/innen gibt, bei denen Antisemitismus ein manifestes Problem darstellt, das nicht mehr pädagogisch gelöst werden kann oder auch, ob Lehrpläne und Unterrichtsmaterialien überhaupt den Ansprüchen genügen, um mittel- und langfristig eine Minimierung von Antisemitismus herbeizuführen.

Der vorliegende Beitrag will das Feld „Antisemitismus in der Schule" systematisch erfassen und aufzeigen, an welchen Stellen welche Erkenntnisse der Forschungen über Antisemitismus und politische Bildung umgesetzt werden müssten, wollte man etwas am Antisemitismus in der Schule ändern. Denn es ist naheliegend, dass die Gründe für die unzureichende Handlungsbereitschaft mancher beteiligten Akteure nicht in erster Linie in Unwissenheit liegen, sondern neben weltanschaulichen Gründen auch materielle und finanzielle eine

Rolle spielen. Ein Beispiel: Die unverzichtbare Verankerung des Themenfeldes Antisemitismus in allen Schulformen und Bundesländern (was damit en détail gemeint ist, wird der Beitrag im Folgenden skizzieren) bedürfte nicht nur des politischen Willens – bisher sind umfassende Ansätze in dieser Richtung ernsthaft nur in Bayern und mit einigen Abstrichen auch in Berlin und Brandenburg vorhanden –, sondern auch umfangreicher finanzieller Maßnahmen, etwa im Bereich der Hochschulausbildung von angehenden Lehrer(inne)n, da man hierfür dezidiert neue Professuren schaffen müsste.

Dieser Beitrag wird Erkenntnisse der Forschung systematisch darstellen, offene Fragen benennen und am Ende konkrete Handlungsempfehlungen formulieren – viele davon sind evident und offensichtlich, ob man sie umsetzen will und wird, hängt von der politischen Prioritätensetzung und damit auch von der Frage ab, ob Antisemitismus als zentrales Problemfeld von und für Schulen erkannt wird oder ob man sich weiterhin auf eine punktuelle, von Prinzipien der Aufmerksamkeitsökonomie geprägten Feuerwehrpolitik orientieren möchte, die von den zahlreichen Herausforderungen kaum eine löst, wenngleich die meisten von ihnen – so die vorweggenommene Grundeinschätzung dieses Beitrags – durchaus gelöst werden könnten.

1 Antisemitismus

Um Antisemitismus als Gegenstand von und Problem in der Schule verstehen zu können, bedarf es einiger Grundlegungen aus dem Kontext der sozial- und geschichtswissenschaftlichen Antisemitismusforschung – denn manche der in jüngerer Vergangenheit im schulischen Kontext unternommenen Reaktionen auf Antisemitismus waren und sind auch deshalb hilflos, weil ihnen kein oder ein falsches Verständnis von Antisemitismus zugrunde lag und liegt.

1.1 Was ist Antisemitismus?

Antisemitismus, das ist vielleicht die für den schulischen Kontext zentralste Erkenntnisvoraussetzung, ist nicht einfach eine Form von Diskriminierung neben anderen, nicht einfach ein Vorurteil wie viele andere. Antisemitismus ist eine grundlegende Haltung zur Welt, die zwar durchaus mit anderen Diskriminierungsformen wie Rassismus, Sexismus oder Homophobie verbunden auftritt, aber in ihrer Konstituierung grundlegend von diesen unterschieden ist: Antisemitismus ist eine Verbindung aus Weltanschauung und Leidenschaft, eine grundlegende Haltung zu Welt, mit der sich diejenigen, die ihn als

Weltbild teilen, alles in der Politik und Gesellschaft, das sie nicht erklären und verstehen können oder wollen, zu begreifen versuchen. Neben der nicht zuletzt in der Shoah zum Ausdruck gekommenen Differenz des Antisemitismus zu Rassismus und anderen Vorurteilen, besteht die qualitative Unterscheidung zum rassistischen Vorurteil, in dem die dem Anderen zugeschriebene potenzielle Macht konkret (materiell und sexuell) artikuliert wird, in der Abstraktheit der Zuschreibung beim Antisemitismus, der als „mysteriöse Unfaßbarkeit, Abstraktheit und Allgemeinheit" (Postone 1982: 15) fantasiert wird. Antisemitismus zielt als kognitives und emotionales System auf einen weltanschaulichen Allerklärungsanspruch: Er bietet als Weltbild ein allumfassendes System von Ressentiments und (Verschwörungs-)Mythen, die in ihrer konkreten Ausformulierung wandelbar waren und sind. Sie richten sich immer gegen Jüdinnen und Juden, da der Antisemitismus auf Projektionen und, wie Theodor W. Adorno (1951: 125) es formuliert hat, „Gerüchten über die Juden" basiert. Deshalb hat das reale Verhalten von Jüdinnen und Juden auch ebenso wenig Einfluss auf das antisemitische Weltbild, wie sich eben dieses Weltbild aus den emotionalen Bedürfnissen der Antisemit(inn)en selbst konstruiert: Antisemit(inn)en glauben ihr antisemitisches Weltbild nicht obwohl, sondern weil es falsch ist – da es emotionalen Mehrwert für sie schaffen soll. Antisemitismus ist zu verstehen als eine Verbindung aus Weltanschauung und Leidenschaft, also eine spezifische Art zu denken und zu fühlen (vgl. hierzu ausführlich Salzborn 2010).

Mit Blick auf die unterschiedlichen Altersstufen und Schulformen gestaltet sich das Verhältnis von Weltanschauung und Leidenschaft, also von Kognition und Emotion, höchst different – man findet genauso die weltanschaulich überzeugte und gefestigte Antisemitin, die aufgrund ihrer eigenen Sozialisation in einer rechtsextremen oder islamistischen Familie das antisemitische Weltbild vollkommen internalisiert hat und mit kognitiver Überzeugung vertritt, wie den ungebildeten Antisemiten, der sich aus Versatzstücken von Ressentiments und Vorurteilen seiner subkulturellen Peer Group oberflächlich antijüdischer Rhetorik bedient, ohne sie intellektuell zu verstehen. Relevant ist dabei auch, dass man antisemitische Ressentiments vertreten kann, ohne ein Bewusstsein darüber haben zu müssen, ein/e Antisemit/in zu sein – was an der Tatsache als solcher natürlich nichts ändert, da es sich nicht um eine subjektive Frage des Glaubens über eigene Einstellungen handelt, sondern um das objektive Vorhandensein antisemitischer Einstellungen. Wann sich antisemitische Einstellungen, seien sie bewusster oder unbewusster Natur, in antisemitische Handlungen umsetzen – von der Beschimpfung, über die Drohung, das Beschmieren von Toiletten und Tischen und Wänden oder die handgreiflichen Übergriffe und Gewalttaten – hängt stark vom individuellen Verhältnis von Weltanschauung und Leidenschaft und dessen Einbindung in dieses leidenschaftliche Weltbild stützende oder es konterkarierende Strukturen ab. Insofern ist es auch zentral, dass Antisemitismus in der Schule immer, eindeutig, konsequent und unmissverständlich widersprochen wird, um Worte nicht zu Taten werden zu lassen.

Antisemitismus ist neben der Verbindung aus Weltanschauung und Leidenschaft zugleich die Unfähigkeit wie Unwilligkeit, abstrakt zu denken und konkret zu fühlen; im Antisemitismus wird beides vertauscht, das Denken soll konkret, das Fühlen aber abstrakt sein. Antisemitische Ressentiments äußerten sich im Verlauf der Geschichte in unterschiedlichen Artikulationsformen, insbesondere als religiös-antijüdischer, völkisch-rassistischer, sekundär-schuldabwehrender, antizionistisch-antiisraelischer und arabisch-islamischer Antisemitismus (vgl. Salzborn 2014: 11 ff.).

Die Differenzierung unterschiedlicher Artikulationsformen von Antisemitismus, die in historisch differenten Kontexten entstanden sind und alle bis in die Gegenwart fortwirken, ist ein Faktum, das im schulischen Kontext zu selten berücksichtigt wird. In diesem Zusammenhang erweist sich die bisweilen vorgenommene Reduktion von Antisemitismus auf den Nationalsozialismus und seinen völkisch-rassistischen (Vernichtungs-)Antisemitismus als historisch verkürzend und zugleich – paradoxerweise – emotional entlastend: Antisemitismus war das Kernelement der nationalsozialistischen Weltanschauung und die Priorität des NS-Regimes war die antisemitische Vernichtung – der Antisemitismus hatte aber trotzdem bereits vor dem Nationalsozialismus eine lange, vor allem christliche Vorgeschichte, und er hat nach dem Nationalsozialismus eine lange Nachgeschichte, die viel mit Schuldabwehr und einer neuen Projektionsorientierung auf und gegen den Staat Israel zu tun hat. Der gegenwärtig extrem virulente islamische Antisemitismus zeigt überdies, dass das antisemitische Weltbild auch in außereuropäischen Gesellschaften über eine eigenständige historische Genese und sozialstrukturelle Verankerung verfügt, die man zum Verständnis des aktuellen Antisemitismus nicht ausblenden darf – gerade die antijüdischen Textstellen im Koran und die lange Geschichte des islamischen Antisemitismus, und auch des palästinensischen Antisemitismus, der sich unter anderem aus islamischen und christlichen Elementen des Antisemitismus speist, sind hier Blindstellen schulischer Bildung (vgl. Salzborn 2018a: 113 ff.).

Wichtig ist zu sehen, dass Antisemitismus fraglos die Kernideologie des Nationalsozialismus war, aber vor und nach dem Nationalsozialismus und in allen politischen Spektren existiert, sodass man sich nicht dadurch von einer

Befassung mit Antisemitismus „entledigen“ kann, wenn man ihn ausschließlich auf den Nationalsozialismus reduziert. Die paradoxe emotionale Entlastung entsteht, wenn man im schulischen Kontext Antisemitismus (völlig zutreffend) als Kern des Nationalsozialismus thematisiert, damit aber (absolut unzutreffend) die antisemitische Vorgeschichte, seine christlichen und islamischen Elemente, die Schuldabwehr oder den antisemitischen Hass auf Israel als Nachgeschichten des NS-Antisemitismus ausblendet. Der Antisemitismus in der ehemaligen DDR ist in diesem Kontext noch mal ein eigenständiges Problemfeld und die ostdeutsche Ausblendung dieser Tradierung eine spezifische Herausforderung für den Schulunterricht in Ostdeutschland, da es hier um differente Muster einer Täter-Opfer-Umkehr und eine spezifische Leugnung von linkem Antisemitismus geht (vgl. Heitzer u. a. 2018).

Insofern ist es für die schulische Perspektive generell wichtig zu betonen, dass die Thematisierung der NS-Geschichte und des NS-Antisemitismus wie die der Shoah unverzichtbare Elemente des Schulunterrichts sind, zugleich aber diese Thematisierung nicht hinreichend ist, um ein Verständnis des Themas Antisemitismus in der Schule und damit auch für schulische Präventionsstrategien zu entwickeln.

Die sozialwissenschaftliche Forschung (Adorno u. a. 1973; Rensmann 2004) hat gezeigt, dass es einen tiefen Zusammenhang von Antisemitismus und Autoritarismus gibt. Für die schulische Perspektive ist das von hoher Relevanz, weil es darauf hinweist, dass Antisemit(inn)en nach autoritären Mustern agieren, was zweierlei markiert: erstens die zentrale Aufgabe von Pädagogik, Autoritarismus so früh wie möglich zu konterkarieren und aktiv gegen autoritäre Vorstellungen und Verhaltensweisen zu intervenieren (vgl. Ahlheim/Heger 2000, 2002: 111 ff.), zweitens die zentrale Grenze von Pädagogik, die darin besteht, dass junge Menschen mit gefestigten emotionalen Strukturen autoritärer Reaktion deutlich weniger erreichbar sind für pädagogische und didaktische Ansätze, und insofern das zentrale Interaktions- und Kommunikationsinstrument für Menschen, die allein nach autoritären Muster denken und fühlen, Sanktion und Repression ist – um andere vor ihnen zu schützen, aber auch, um sie in ihrer Aggression zu limitieren.

Insofern hat schulische Bildung gegen Antisemitismus eine grundlegend präventive Funktion (vgl. Schäuble 2013), aber auch ihre Grenzen, da Antisemitismus letztlich ein autoritäres Weltbild ist und nicht einfach nur ein Vorurteil. Den schmalen Grat zu erkennen, an welchen Stellen Fakten und Wahrheiten gegen Antisemitismus pädagogisch geboten sind und wo Schüler/innen nicht mehr für diese erreichbar sind, ist die vielleicht größte Herausforderung aller Lehrkräfte, weil reflektiert werden muss, was Pädagogik – aus Gründen verfestigter psychischer Charakterstrukturen und der Gesinnung vom Antisemitismus zu einem die gesamte Personen erfassenden leidenschaftlichen Weltbild, das für Aufklärung unempfänglich geworden ist – nicht leisten kann.

Insofern ist schulische Intervention gegen Antisemitismus notwendigerweise immer eine Mischung aus Aufklärung, Prävention, Intervention und Repression – auch wenn sich manche Lehrkräfte dieser Einsicht aus Gründen des Glaubens an eine omnipotente Pädagogik verweigern oder sogar dagegen verwahren wollen.

1.2 Möglichkeiten der Thematisierung: direkt und indirekt

Prävention und Bekämpfung von Antisemitismus in der Schule muss also reflektieren, dass die Befassung mit Antisemitismus nicht „nebenbei" und damit auch nicht im Sinne von exemplarischem Lernen geleistet werden kann, sondern dass diese aktiv betrieben werden muss – was nicht zwingend heißt, dass Antisemitismusprävention unbedingt direkt erfolgen muss.

Denn da der Antisemitismus – wie in Kap. 1.1. ausgeführt – die Unfähigkeit und Unwilligkeit abstrakt zu denken und konkret zu fühlen ist, ist jeder Unterricht, der die Fähigkeit der Schüler/innen zu abstraktem Denken und konkreter Empathiefähigkeit fördert, ein wichtiger Teil der Antisemitismusprävention. Dies kann auch und gerade in den nicht-geisteswissenschaftlichen Fächern und besonders in der Grundschule geleistet werden, ohne dass es notwendig ist, die Themenfelder Antisemitismus und Judentum explizit zu thematisieren.

Abstraktes Denken kann dabei vielfältig geschult werden. Dazu gehören das Verständnis für die Regeln bei der Wahl von Klassensprecher/innen, die logische Systematik von Sprachgrammatiken, die strukturellen Gemeinsamkeiten von Tierskeletten, die Regeln der Stochastik, die Funktionsweise kapitalistischer Ökonomie (jenseits des irrationalen Affekts gegen Personen), das Verhältnis von Öffentlichkeit und Privatheit oder die Regelhaftigkeit von Ballsportarten. Und konkrete Empathie besteht eben darin, seine Gefühle nicht auf Kollektive zu richten, sondern auf konkrete Ereignisse und Personen: Wer mehr Empathie für eine unbekannte Mitschülerin auf dem Schulhof empfindet und ihr hilft, nachdem sie gestürzt ist, als für den Gewinn eines Weltmeisterpokals eines Fußballnationalteams, kann grundsätzlich als weniger anfällig für die Strukturmechanismen von Antisemitismus gelten. Und auch ein Sportunterricht, bei dem es primär nicht um den Erfolg und das Gewinnen, sondern in erster Linie um empathische Interaktionen geht, könnte hierzu viel beitragen. Denn die Schüler/innen würden in die Lage versetzt, konkrete Gefühle zu entwickeln, und wären damit nicht dem antisemitischen Grundmuster abstrakter Emotionalität ausgeliefert – die auf Kollektive gerichtet, aber faktisch empathiefrei ist.

Die indirekte Thematisierung ist also genauso relevant wie die direkte: Man muss dem Antisemitismus die kognitiven und emotionalen Grundlagen entziehen, zugleich aber im Anspruch von Aufklärung und politischer Bildung das Thema Antisemitismus direkt thematisieren und Wissen und Fakten vermitteln: sowohl historisch als auch aktuell, da die Aufklärung und die Erziehung zur Mündigkeit letztlich unhintergehbare Prinzipien von Demokratie und (politischer) Bildung sind – und insofern einseitige Darstellungen, wie sie sich in zahlreichen Schulbüchern beispielsweise mit einer einseitigen Parteinahme zugunsten der Palästinenser/innen im Kontext des Nahost-Konflikts finden, bei der sowohl historische und aktuelle Falschaussagen sowie Auslassungen zu finden sind als auch emotionale Überwältigungen, die durch kollektive und abstrakte Emotionalisierungen wirken und antisemitische Ressentiments bei Schüler/innen objektiv ver- und bestärken.

Insofern liegen insbesondere bei den geistes- und gesellschaftlichen Fächern, allen voran im Geschichts- und Politikunterricht,[2] aber auch in den Fächern Religion, Ethik/Werte und Normen, Erdkunde/Geografie oder Deutsch eine ausdrückliche Verantwortung, die Themenfelder Antisemitismus, Nationalsozialismus sowie jüdische Religion, Kultur und Geschichte sowie die integrativen deutsch-israelischen Bezüge in Geschichte und Gegenwart sowie die Geschichte, das politische System und die pluralistische Gesellschaft des jüdischen Staates Israel direkt zu thematisieren – mit Bezug auf die konkreten Aspekte der Fächer, in Relation zu Altersstufen und Schultypen und in Variierung und bei Wiederaufgreifung im Laufe der Schulzeit. Zugleich sind es aber auch besonders die künstlerisch-musischen, sportlichen und mathematisch-naturwissenschaftlichen Fächer, die durch die indirekte Thematisierung und durch ihre Vermittlung von abstraktem Denken und konkretem Fühlen entscheidende Präventionsarbeit leisten müssten, die einerseits gerade im Prim-

2 Für den Politikunterricht gibt es in den Bundesländern keine einheitliche Bezeichnung. In manchen Bundesländern heißt das Fach sogar in der Sekundarstufe I anders als in der Sekundarstufe II. Der allgemeine Begriff „Politikunterricht" umfasst deshalb die Schulfächer „Gemeinschaftskunde", „Gemeinschaftskunde/Rechtserziehung/Wirtschaft", „Sozialkunde", „Politik", „Politik/Gesellschaft/Wirtschaft", „Politik und Wirtschaft", „Politik-Wirtschaft", „Politikwissenschaft", „Politische Bildung", „Sozialkunde", „Sozialwissenschaften" und „Wirtschaft/ Politik".

arbereich elementar wäre, die aber andererseits Antisemitismus verhindern oder zumindest minimieren kann, ohne ihn direkt zu thematisieren.

1.3 Schulische Querschnittsaufgabe: jüdische Religion, Kultur und Geschichte

In der Gemeinsamen Erklärung des Zentralrats der Juden (ZJD) in Deutschland und der Kultusministerkonferenz (KMK) zur Vermittlung jüdischer Geschichte, Religion und Kultur in der Schule aus dem Jahr 2016 wurde ein grundsätzliches Missverhältnis von gesellschaftlicher Realität und schulischer Darstellung von jüdischer Religion, Kultur und Geschichte kritisiert:

> „Das Judentum ist seit vielen Jahrhunderten integraler Bestandteil der deutschen und europäischen Kultur, Geschichte und Gesellschaft. Jüdisches Leben ist indes in vielen gesellschaftlichen Bereichen kaum sichtbar und wird, beispielsweise in Schulbüchern und anderen Bildungsmedien, vielfach nur auf einzelne Elemente oder auf einige wenige Epochen der Geschichte verkürzt, zum Teil verzerrt und undifferenziert dargestellt.“ (Gemeinsame Erklärung 2016)

Damit ist ein wichtiger Aspekt der Herausforderung, vor der Schulen und Schulunterricht stehen, benannt – denn auch wenn die Antisemitismusforschung klar kenntlich macht, dass Antisemitismus nicht von realem jüdischen Glauben, Denken oder Handeln abhängt, sondern Antisemit(inn)en ihre Vorstellungen über das Jüdische projizieren, der Antisemitismus also ein Problem von und mit den Antisemit(inn)en ist, ist es gerade mit Blick auf die Stärkung der demokratischen Mehrheitsgesellschaft gegen die Antisemit(inn)en elementar, jüdische Realitäten in Geschichte und Gegenwart angemessen darzustellen und damit die jüdische Normalität sichtbar werden zu lassen. Durch Wissen über jüdische Religion und Geschichte wird man manifeste Antisemit(inn)en nicht davon überzeugen, dass ihr Weltbild objektiv falsch ist, aber man wird jene, die nur einzelne Versatzstücke dieses Weltbildes reproduzieren, in ihren Vorstellungen irritieren und vielleicht dazu anregen, sie zu revidieren; und überdies diejenigen, die keine antisemitischen Einstellungen haben, durch Wissen und Aufklärung über das Judentum darin bestärken, gegen Antisemitismus Stellung zu beziehen. Darüber hinaus ist es im Selbstverständnis von Demokratie unverzichtbar, jüdische Religion, Kultur und Geschichte als schulische Querschnittsaufgabe in allen relevanten Feldern – also in allen Bereichen, in denen sie real eine Rolle spielen – auch in ihrer Selbstverständlichkeit zu thematisieren. So fordern auch der ZJD und die KMK in ihrer gemeinsamen Erklärung:

> „Die gemeinsame Erklärung zielt darauf ab, das Judentum in seiner Vielfalt und Authentizität in der Schule zu thematisieren sowie den Schülerinnen und Schülern ein lebendiges und differenziertes Bild des Judentums zu vermitteln. Dazu gehört unabdingbar die Schoah, ohne aber jüdisches Leben in Deutschland und Europa auf sie zu reduzieren. Auch das jüdische Leben nach der Schoah im Zeichen der deutschen Teilung und seit der Wiedervereinigung ist für das historisch-politische Verständnis von enormem Wert. Ferner geht es in der Schule darum, die besondere Bedeutung des Staates Israel für Jüdinnen und Juden zu erklären." (Gemeinsame Erklärung 2016)

Wie dies im Einzelnen umgesetzt wird oder werden könnte, wird zu erörtern sein, wobei sich auch hier die Gesamtverantwortung aller Fächer zeigt, besonders offensichtlich freilich im Sinne einer aktiven Thematisierung im Politikunterricht mit einer fortlaufenden Thematisierung von jüdischem Leben in Deutschland als Teil gesellschaftlicher Normalität, mit der umfangreichen Einbettung von Elementen jüdischer Geschichte im Geschichts- oder, mit Blick auf Israel, auch Erdkundeunterricht, einer reflektierten Einbindung von jüdischen Autor(inn)en in den Lektürekanon aller sprachlichen Fächer oder auch die aktive Thematisierung von jüdischer Religion im Religions- und Ethikunterricht.

2 Handlungsfeld Schule

Das Handlungsfeld Schule ist mit Blick auf das Themenfeld Antisemitismus in seiner Struktur und Akteursperspektive zu thematisieren: Denn auf der einen Seite gibt es Strukturen, die für die schulische Praxis grundlegend sind und die den institutionellen Rahmen (Grundgesetz und Länderverfassungen, Kultusministerien, Kultusministerkonferenz, Schulgesetze, Lehrpläne und Curricula, Schulaufsichtsbehörden) sowie die strukturellen Thematisierungsmöglichkeiten (Schulbücher) vorgeben, andererseits sind es aber die konkreten Akteure, die in diesem Rahmen (angemessen, optimierungsfähig oder auch falsch) agieren, ihn aber zugleich fortlaufend aktiv mit-, um- und neugestalten (Schüler/innen, Lehrer/innen, Eltern, Schulleitungen, Schulaufsichtsbehörden) – nicht selten überlappen sich beide Dimensionen auch, etwa bei den Schulaufsichtsbehörden, die sowohl Teil der institutionellen Struktur sind, aber auch als Akteur in konkreten Konfliktkonstellationen agieren.

Während Anregungen und Änderungsvorschläge auf der strukturellen Ebene vor allem mittel- und langfristig Wirkung entfalten können, aber deutlich nachhaltiger und dauerhafter wirken, zielt Kritik auf der Akteursebene nicht nur stärker auf die individuelle Dimension (und damit die konkrete Verantwortung jedes/r einzelnen Lehrers/Lehrerin und Schulleiters/ Schulleiterin, für das, was er/sie tut oder unterlässt), sondern hat auch deutlich kurzfristigere und intervenierende Effekte, deren Erfolgsaussichten aber stark mit dem konkreten Akteur verbunden sind. Anders gesagt: Will man das Feld Antisemitismus in der Schule tatsächlich konstruktiv im Sinne einer Prävention von Antisemitismus verankern, ist es unverzichtbar, gerade auf der strukturellen Ebene Veränderungen in Gang zu setzen, da diese mittelfristig auch auf der Akteursebene Auswirkungen haben und so die individuellen Dimensionen stärken und vertiefen können.

2.1 Grundlagen

Da Antisemit(inn)en über autoritäre Charakterstrukturen verfügen, muss insbesondere auf der Akteursebene im Blick behalten werden, dass Antisemitismus in der Schule im Spannungsfeld von Aufklärung, Prävention und Repression zu lokalisieren ist. Das Feld der Aufklärung und Prävention besetzt die (schulische und außerschulische) Bildung, dass der Repression vor allem die Polizei und die Justiz. Ein wesentlicher Unterschied zwischen Prävention und Repression ist der Adressat: Während sich die Prävention nicht an die Antisemit(inn)en richtet, zielt die Repression ausschließlich auf sie. In der schulischen Bildung stehen insofern immer die Uninformierten, die Anti-Antisemit(inn)en und die (realen oder potenziellen) Opfer im Mittelpunkt. Primäre/r Adressat/in sollte nie der/die Antisemit/in sein, da die Aufmerksamkeit für Ausgrenzung und Gewalt darauf gerichtet werden muss, dass diese aus demokratischer Perspektive nicht tolerierbar sind. Für die schulische Praxis heißt das, dass zwar prinzipiell alles diskutierbar ist, es aber Grenzen der Toleranz gibt. Wer tolerant sein will, sagt Umberto Eco (1993), muss die Grenzen der Toleranz festlegen – um nicht, so wäre zu ergänzen, von den Feinden der Toleranz selbst zum Opfer von deren (gewalttätiger) Intoleranz gemacht zu werden.

Die Grundlage einer jeden politischen Bildung sollte zunächst einmal das Faktenwissen sein, sowohl über den Nationalsozialismus (vgl. Erf 1995; Kurth/ Salzborn 2017), als auch über den Antisemitismus – denn jede demokratische politische Bildung wurzelt in der Aufklärung und will im Unterschied zu Konzepten, die politische Bildung als Herrschaftslegitimation oder als Mission begreifen, eine „Erziehung zur Mündigkeit" (Adorno 1971) betreiben (vgl. Sander 2005: 13 ff.). Lückenhaftes oder gar mangelndes Wissen der Lehr- und Ausbildungskräfte ist ein manifestes (und gerade in der Schule: virulentes)

Problem, da Antisemitismus nicht einfach nur moralisch zu bekämpfen ist, sondern jedem tragfähigen Argument immer umfangreiches, präzises und detailliertes Faktenwissen zugrunde liegen muss:

> „Eine politische Bildung, die durch die Vermittlung politischen Wissens eine als bedrohlich und unüberschaubar erlebte Wirklichkeit analysiert und strukturiert, die ideologiekritisch Wirklichkeitsverklärungen und -verfälschungen entgegenarbeitet, macht tendenziell den Rückgriff auf Vorurteile überflüssig, wehrt schließlich dem bequemen (Nicht-)Denken, das ohne Stereotype und Schwarz-Weiß-Malerei nicht auskommt.“ (Ahlheim 2005: 386)

Für die schulischen Präventions- und Interventionsmöglichkeiten ist zunächst auf die Angemessenheit und Verhältnismäßigkeit hinzuweisen (vgl. Jaschke 2012). Mit Blick auf die Zielgruppen macht es einen erheblichen Unterschied, ob man über politische Bildung in der Grundschule, in der Mittel- bzw. Oberstufe oder in der Erwachsenenbildung, für die die meisten der außerschulischen Bildungsangebote gegen Antisemitismus entwickelt worden sind, spricht. Während sich konfrontationspädagogische Ansätze mit einer direkten Thematisierung in der Grundschule nicht nur als (unangemessene) Überwältigung im Widerspruch zum Beutelsbacher Konsens (1977: 300 f.) darstellen, sondern in ihrer Schockwirkung bei den Kindern auch kontraproduktive Effekte generieren können, sind Ideen einer demokratischen, partizipatorischen Schulkultur (die freilich auch für weiterführende Schulen ein elementarer Baustein der Prävention ist) Möglichkeiten, Schüler/innen sehr früh für das Themenfeld zu sensibilisieren – aber nicht im Sinne einer Überwältigung mit negativen Aspekten, sondern im Sinne einer motivierenden und demokratieförderlichen Partizipationspraxis in Verbindung mit der bereits skizzierten indirekten Thematisierung. (vgl. Kaletsch/Altenburg van Dieken 2014: 118 ff.; Himmelmann 2006; Breit/Schiele 2002)

Wenn es im schulischen Alltag zu antisemitischen Vorfällen kommt, dann ist es genauso zentral, diese am konkreten Vorfall (und ohne übertriebenen moralischen Impetus) zu thematisieren und dabei konsequent die Betroffenenperspektive zu vertreten, also die von antisemitischer Diskriminierung betroffenen Schüler/innen zu stärken. Hierfür ist eine über den schulischen Rahmen hinausgehende Öffentlichkeit wichtig, da sie bei der Isolierung antisemitischer Positionen hilft und außerdem – über die Hinzuziehung von außerschulischen Beratungseinrichtungen, die sich mit Antisemitismus befassen – die Möglichkeit zur kompetenten Auseinandersetzung bietet. Es ist wichtig, demokratische Akteure in solche Auseinandersetzungen einzubinden, antisemitische Positionierungen als solche zu benennen und unmissverständlich zu kritisieren und damit offensiv und aktiv zu kommunizieren und zu begründen, warum man in einer demokratischen Schule intensiv über Antisemitismus diskutiert, ihn aber niemals toleriert: Antisemitismus ist keine tolerable „Meinung" neben anderen, der demokratische Verfassungskonsens und das Strafrecht geben hierbei den Rahmen dessen vor, was nicht diskutabel ist.

Dazu gehört auch, dass Lehrkräfte und vor allem die Schulleitung das Problem Antisemitismus sensibel wahrnehmen und im Konfliktfall nicht nur externe Akteure hinzuziehen, sondern auch Polizei und Justiz als Option berücksichtigen (vgl. Kirschnick 2000). Denn in dem Fall, dass Jugendliche bereits in einschlägigen (z. B. rechtsextremen oder islamistischen) Strukturen verankert sind und ihre Äußerungen oder Handlungen Straftatbestände erfüllen, sollten diese auch konsequent strafrechtlich verfolgt werden. Ebenfalls für die schulische Praxis nicht zu vergessen sind die Möglichkeiten des Schulrechts – bis hin zum Schulverweis – das auch als Maßnahmenkatalog gegen Antisemitismus gelesen werden sollte.

2.2 Schüler/innen

Vor diesem Hintergrund muss die Thematisierung von Antisemitismus bei Schüler/innen reflektieren, dass diese bereits sozialisatorische Prägungen mitbringen und sich in ihrer Schulzeit in einer Lebensphase befinden, in der ihre Charakterstrukturen in der Regel noch nicht gefestigt sind, aber bis zum Ende der Adoleszenzphase durch die primäre und sekundäre Sozialisation gefestigt werden. Anders gesagt: Schule hat nicht nur viele Einflussmöglichkeiten, sondern auch eine hohe Verantwortung, weil die charakterstrukturellen Prägungen mit dem Abschluss der Schulzeit weitgehend abgeschlossen sind. Die entscheidende Prägung liegt dabei freilich in der primären Sozialisation des Elternhauses – und im Falle von antisemitischen Äußerungen muss es für Lehrer/innen und Schulleitungen zentral sein, die Frage zu beantworten, ob diese elterliche Sozialisation bereits eine antisemitische ist oder nicht. Und für den Fall, dass diese Frage negativ zu beantworten wäre: welche Rolle sekundärsozialisatorische Institutionen im Einzelfall spielen, da nur auf diese Weise zu beantworten ist, ob pädagogische Interventionen erfolgversprechend sind oder ob andere disziplinarische Maßnahmen zu ergreifen sind. Gerade bei sozialisatorischen Prägungen der Schüler/innen in antisemitischen Kontexten – vom Elternhaus über Sportvereine, politische Gruppierungen oder auch islamistische Moscheegemeinden – ist es unverzichtbar, dieses Wissen in den Umgang mit Antisemitismus einzubeziehen.

Deutlich mit Blick auf Schüler/innen ist, dass es sich hier um eine alltagskulturelle Dimension handelt, die vor allem den täglichen Umgang von Schüler/innen miteinander, aber auch ihr (fehlendes oder falsches) Vorwissen im Unterricht tangiert (vgl. Schäuble/Scherr 2006: 51 ff.). Zwei Schlüsseldimensionen, die fraglos nicht nur das Themenfeld Antisemitismus tangieren, sondern grundlegender Provenienz sind, spielen hierbei eine gewichtige Rolle. Mit Blick auf den alltäglichen Umgang der Schüler/innen in Klassen-, Pausen- und Schulwegsituationen sind im Falle antisemitischer Diskriminierungen generelle Probleme und Defizite pädagogischen Umgangs anzumahnen, weil jede Form von Diskriminierung strukturell verhindert werden muss, auch und gerade, wenn diese Diskriminierung unter dem tendenziell verharmlosenden Etikett des „Mobbing“ subsumiert wird. Um es an einem sehr konkreten, sehr relevanten Beispiel zu sagen: „Jude“ als Schimpfwort zu gebrauchen, ist faktisch Antisemitismus, egal, ob das den Schüler/ innen bewusst ist oder nicht – neben einer pädagogischen Thematisierung und inhaltlich begründeten Kritik ist eine solche Alltagspraxis in Schulen grundsätzlich zu unterbinden, in jeder Jahrgangsstufe, in jedem Schultyp, ungeachtet des sozialisatorischen Hintergrunds des/der Schüler/in, was auch heißt: grundsätzlich und immer zu thematisieren und problematisieren, auch und gerade, weil unmissverständliche Kritik bei autoritären Einstellungsmustern einen nicht zu unterschätzenden sozialisatorischen Effekt hat. Nur auf der Basis einer solchen Null-Toleranz-Grundhaltung mit Blick auf Diskriminierungs- und Mobbingverhalten ist es überhaupt denkbar, antisemitischen Alltagsdiskriminierungen in der Schule entgegenzuwirken. Hierfür liegt die Verantwortung bei den Lehrer/innen und der Schulleitung, sie müssen lernen, Fehler und Mängel in der eigenen Schule konsequent wahrzunehmen, zu thematisieren und aktiv gegen sie vorzugehen.

Mit Blick auf die Unterrichtsperspektive und das mangelnde Vorwissen bzw. falsches (Schein-)Wissen bei Schüler/ innen im Bereich Antisemitismus, Nationalsozialismus und Judentum muss zugleich stets reflektiert werden, in welcher Form sich die Themenfelder altersangemessen im Unterricht integrieren lassen, da neben dem Problem der Nicht- auch die Falschthematisierung antisemitische Ressentiments bei Schüler/innen be- und verstärken kann: Die oft gut gemeinte, aber immer schlecht wirkende Moralisierung, die nicht über Fakten und Inhalte spricht, sondern Schüler/innen moralisch überwältigen will und damit faktisch Urteilskraft schwächt, wirkt gerade mit Blick auf das Themenfeld Nationalsozialismus kontraproduktiv – es existiert seit Langem bei Studierenden an deutschen Universitäten das falsche Vorurteil, man habe sich in der Schule permanent mit dem Nationalsozialismus befasst (vgl. Ahlheim/Heger 2002: 61 ff.), kann aber zugleich einfachste Fakten nicht einordnen: In Lehrveranstaltungen, die die Verfasser/innen dieses Beitrags an unterschiedlichen Universitäten durchgeführt haben, waren viele Studierenden nicht imstande, wenigstens die Eckdaten (Jahreszahlen) des Zweiten Weltkrieges korrekt zu benennen. Das Faktenwissen am Ende der schulischen Sozialisation ist erschreckend gering, der Glaube aber, das Thema Nationalsozialismus permanent schulisch thematisiert zu haben, omnipräsent – was auf eine emotionale Dauerüberwältigung durch Lehrkräfte hinweist, die moralisch überwältigen, ohne dies mit der Vermittlung von Faktenwissen zu verbinden: Damit wird eine reale Überforderung in Verbindung mit einer überwältigenden Emotionalisierung, die in das Feld abstrakten und damit antisemitismusbefördernden Fühlens fällt, zu einem Verstärkungseffekt für Schüler/innen, die aus einem Elternhaus kommen, in dem die eigene NS-Täterschaft verdrängt und die Basis für einen schuldabwehrenden Antisemitismus gelegt ist:

> „Die allerwenigsten Deutschen bringen die Geschichte des Nationalsozialismus und seiner Verbrechen – anders als die des Opferseins im Zweiten Weltkrieg – mit sich und ihrer Familie in einen persönlichen Zusammenhang. Die faktische Historie wird als eine abstrakte wahrgenommen und soll auch als diese abstrakte Historie erinnert werden. [...] Unser offizielles Gedenken quält uns nicht mit allzu persönlichen Fragen nach individueller oder familiärer Verstrickung. Sie lässt uns in Ruhe, sie schreckt uns nicht mehr auf. Und fordert auch die Jüngeren nicht auf, sich nun, da die eigentliche Tätergeneration kaum mehr am Leben ist, mit der höchsteigenen Vergangenheit auseinanderzusetzen." (Hensel 2018)

2.3 Lehrer/innen

Die Lehrer/innen nehmen in der Akteurskonstellation die wichtigste Rolle ein, allerdings zugleich auch diejenige, die extrem abhängig ist von allen anderen Kontextfaktoren: Wenn Lehrkräfte aufgrund ihrer Ausbildung und ihres Engagements willens und in der Lage sind, Antisemitismus kritisch zu thematisieren, dann haben sie die zentrale Rolle, da sie nicht nur die fachlichen und emotionalen Kompetenzen der Schüler/innen nachhaltig prägen können, sondern zugleich auch die zentrale Verantwortung für die Wahrnehmung von antisemitischen Alltagskonstellationen in der Schule haben. Sie sind in der Lage einzuschätzen, wo und inwiefern pädagogische Interventionen sinnvoll sein können und welche anderen Akteure (außerschulische Bildungsträger, Schulaufsichtsbehörden, Jugendarbeit, Polizei) hinzugezogen werden müssen. Diese idealtypische Konstellation hängt aber zugleich von zahlreichen Kontextfaktoren ab, bei denen betont werden muss, dass in erster Linie diese verändert werden müssen. Es ist kein neues Phänomen, dass es an Schulen „sehr gute" Lehrkräfte ebenso gibt, wie „weniger gute" oder gar „schlechte". An jeder Schule finden sich gleichermaßen engagierte Lehrer/innen, wie solche, die selbst beim Thema Antisemitismus nicht Teil der Lösung, sondern Teil des Problems sind. Wären aber die strukturellen Rahmenbedingungen – von der Ausbildung über die Lehrpläne bis zu den Schulbüchern – adäquat modifiziert, wäre das Framing für die Lehrer/innen so gestaltet, dass das Themenfeld Antisemitismus im Unterricht und schulischen Alltag auch für diejenigen thematisierbar würde, die dies nicht aus eigenem Engagement und intrinsischer Motivation sowieso schon tun.

Lehrkräfte können durch ihre individuelle Kompetenz aktiv zur Antisemitismusprävention beitragen – oder sie auch aktiv konterkarieren (vgl. Schäuble/Scherr 2006: 51 ff.). Für letztgenannten Fall ist es zentral, dass es keine Toleranz für antisemitische Positionierungen im Lehrer(innen)kollegium geben darf, auch nicht auf der Ebene von innerer Resonanz, sodass antisemitische Positionierungen offensiv thematisiert und in schweren Fällen ggf. auch disziplinarisch geahndet werden müssen, da sie grundsätzlich dem Bildungs- und Erziehungsauftrag von Schule widersprechen. Dazu gehört auch, dass weder das Kollegium, noch die Schulleitung Probleme mit antisemitischen Lehrkräften verschweigen und damit dethematisieren dürfen. Um diese strukturell zu flankieren, müssen Meldesysteme für antisemitische Vorfälle bei den Schulaufsichtsbehörden eingerichtet werden, die teilweise – z. B. in Berlin – auch bereits bestehen. Zwei Beispiele des (Nicht-)Umgangs mit antisemitischen Einstellungen von Lehrkräften zeigen, wie sehr die bildungspolitische Realität im Bundesvergleich hier auseinanderklafft: Während das Land Berlin eine antisemitische Lehrkraft nach entsprechenden Medienberichten relativ zeitnah suspendierte, hat das Land Niedersachsen in einem vergleichbaren Fall, trotz internationaler Medienberichterstattung (vgl. u. a. Weinthal 2016a, 2016b), bis heute eine Lehrkraft in Oldenburg nicht aus dem Schuldienst entlassen.

In den Blick schulischer Selbstreflexion sollte ebenfalls genommen werden, dass nicht nur die Schüler/innen antisemitischen Sozialkontexten ausgesetzt sein können, sondern auch die Lehrer/innen, dass bei letzteren aber die Folgen erheblich drastischer sein können, da sie als Multiplikator(inn)en fungieren und insofern eigene, nicht-reflektierte Ressentimentstrukturen innerschulisch tradieren können. Ein systematischer Ausbau von Fort- und Weiterbildungsangeboten an Schulen für die Lehrkräfte kann hier mittelfristig unterstützend wirken. Mit Blick gerade auch auf die autodidaktischen Dimensionen der Fort- und Weiterbildung ist besonders auf die Angebote der Bundeszentrale für politische Bildung (BpB), des Kompetenzzentrums für Prävention und Empowerment der Zentralwohlfahrtsstelle der Juden in Deutschland (ZWST), des Zentralrates der Juden in Deutschland (ZJD) und der virtuellen Plattform von Kultusministerkonferenz (KMK) und ZJD hinzuweisen.

Eine Implementierung dieser Informationen in die virtuellen Informationsportale aller Schulen wäre wünschenswert.

Im Spannungsfeld von Problemwahrnehmung und Problemverdrängung lassen sich vor dem Hintergrund der sozialwissenschaftlichen Antisemitismusforschung zwei generelle Grundmaximen für Lehrkräfte im Umgang mit Antisemitismus benennen, die eine inhaltliche und eine didaktische Dimension betreffen: Inhaltlich ist es zentral zu vermitteln, dass Antisemitismus einerseits der Dreh und Angelpunkt der NS-Weltanschauung und der politischen Praxis des Nationalsozialismus war – andererseits aber nicht auf diesen reduziert werden kann und darf, da dies einer Exterritorialisierung gleichkäme. Die Vor- und Nachgeschichte des Antisemitismus muss im Blick bleiben, um zu verstehen, warum und auf welche Weise christlicher und islamischer Antisemitismus entstanden sind und wie der Antisemitismus in der Gegenwart strukturiert ist, aber auch um kenntlich zu machen, dass Antisemitismus bis heute in allen politischen Spektren und damit in Form der Schuldabwehr besonders in der Mitte der Gesellschaft verankert ist. Mit diesem inhaltlichen Argument verbunden ist das normative. Es gibt keine Rechtfertigung für Antisemitismus. Es ist gleichgültig, ob Antisemitismus sich den Nahostkonflikt als Projektionsfläche aussucht oder offen neonazistisch formuliert wird. Nicht alles im schulischen Alltag ist Beziehungs- und Interaktionsstruktur, manches ist auch einfach falsch. Lehrkräfte müssen in ihrem pädagogisch-didaktischen Umgang jede Form von Toleranz oder Verständnis für Antisemitismus vermeiden, sondern ihm immer und eindeutig widersprechen, auch – wie jüngst immer wieder präsent – wenn es sich um islamischen Antisemitismus handelt.

2.4 Hochschulausbildung von Lehrer/innen

Die Güte und Professionalität der schulischen Bildung hängt entscheidend von der fachwissenschaftlichen, didaktischen und grundwissenschaftlichen Hochschulausbildung der Lehramtsstudierenden ab. Insofern kann schulische Bildung auch im hier diskutierten Themenfeld nur so gut sein, wie die universitäre Ausbildung es ermöglicht. Jüngste Studien über „Die universitäre Lehre über den Holocaust in Deutschland“ haben in einer empirischen Auswertung der Vorlesungsverzeichnisse von 79 Hochschulen in Verbindung mit 13 Expert(innen)interviews folgendes Gesamtergebnis gezeigt:

> „In den vier untersuchten Semestern wurden an den 79 Hochschulen 468 Veranstaltungen über den Holocaust und 526 Veranstaltungen über den Nationalsozialismus angeboten. Das Ergebnis von rund 117 Veranstaltungen über den Holocaust pro Semester klingt zunächst nach mehr, als es bei einer genaueren Betrachtung ist. Es bedeutet, dass an jeder der erhobenen 79 Hochschulen fächerübergreifend durchschnittlich 1,5 Veranstaltungen über den Holocaust pro Semester angeboten wurden. Dabei ist zu berücksichtigen, dass dieser Untersuchung bewusst eine relativ breite Definition davon, was eine Lehrveranstaltung zum Thema Holocaust ist, zugrunde gelegt wurde. Der Begriff Holocaust schloss die Verfolgung und Ermordung der Sinti und Roma sowie der Patient(inn)en von Heil- und Pflegeanstalten mit ein. Es wurden auch Veranstaltungen einbezogen, die sich der schrittweisen Entrechtung und Ausgrenzung der Jüdinnen und Juden in Deutschland in den 1930er Jahren und in den besetzten Gebieten ab Kriegsbeginn widmeten. Des Weiteren beschränkte sich die Erhebung nicht auf die Realgeschichte des Holocaust, sondern erhob auch Lehrveranstaltungen unterschiedlicher Disziplinen zur Nach- und Wirkungsgeschichte sowie zur pädagogischen, literarischen und medialen Aufarbeitung des Themas. Eine Begrenzung auf Lehrveranstaltungen, die sich nur auf die historischen Ereignisse in der Zeit von 1933 bis 1945 beziehen, hätte ein vollkommen anderes Bild ergeben: Rund 38 solcher Veranstaltungen haben wir pro Semester erhoben, das ist durchschnittlich eine halbe Veranstaltung je Hochschule und Semester. Dieser Befund demonstriert, dass kein regelmäßiges und grundlegendes Lehrangebot über die Geschichte des Holocaust an allen Hochschulen gewährleistet ist." (Nägel/Kahle 2018: 100)

Mit Blick auf die relevanten Fächer zeigte die Studie folgendes Bild:

> „Auch wenn die meisten Lehrveranstaltungen in geschichtswissenschaftlichen Studiengängen angeboten wurden (196), wird deutlich, dass der Holocaust auch Thema in literaturwissenschaftlichen (80), kulturwissenschaftlichen (45) sowie in pädagogischen und erziehungswissenschaftlichen (45) Veranstaltungen ist. Auch in den Politik- und Sozialwissenschaften (26), in der Judaistik (24) und in theologischen (24) Studiengängen fanden vergleichsweise viele Veranstaltungen statt." (Nägel/Kahle 2018: 101)

Und mit Blick auf die Lehramtsausbildung wurde attestiert:

> „Insbesondere für die zukünftigen Lehrer(innen), die einen Großteil der Geschichts- und Literaturstudierenden ausmachen, stellt die Tatsache, dass es nicht an

> jeder Universität in jedem Semester Veranstaltungen über den Holocaust gibt, ein großes Problem dar – müssen sie doch später in der Schule dieses Pflichtthema unterrichten. Hier besteht deutlicher Nachholbedarf. Die hohen Ansprüche und Erwartungen, die gesellschaftlich an die Vermittlung der Themen Nationalsozialismus und Holocaust in der Schule gerichtet werden und denen vor allem Geschichts- und Sozialkundelehrer(innen) im Unterricht gerecht werden sollen, muss sich auch in der Lehrer(innen)ausbildung widerspiegeln. Für die zukünftigen Lehrer(innen) ist es deshalb wichtig, dass sie im Rahmen ihres Studiums die Möglichkeit haben, sich so intensiv mit der Geschichte des Nationalsozialismus und des Holocaust zu beschäftigen, dass sie später in der Lage sind, einen zeitgemäßen Unterricht zum Thema anzubieten. Die Studie zeigt, dass das schon bei Lehramtsstudierenden der Geschichte nicht immer gewährleistet ist. Bei Studierenden, die andere Fächer wie Politik oder Germanistik auf Lehramt studieren, ist es nur ausnahmsweise der Fall. Dabei ist das Thema Holocaust laut der interviewten Didaktiker(innen) für viele angehende Lehrer(innen) mit der Sorge besetzt, dass besonders hohe gesellschaftliche Erwartungen an den Unterricht gestellt werden und die Schüler(innen) abwehrend und übersättigt reagieren könnten. Deshalb besteht insbesondere bei Lehramtsstudierenden ein Wunsch nach der Vermittlung eines soliden Basiswissens mit unterrichtspraktischen Bezügen zum Thema Holocaust.“ (Nägel/Kahle 2018: 13 f.)

Die Studienergebnisse sind deshalb hier so ausführlich zitiert, weil sie zentrale Grundprobleme benennen – auch wenn sie die Tiefendimensionen der einzelnen Fachkulturen und deren Entwicklung zur thematischen Frage der Arbeit zum Nationalsozialismus, Shoah und Antisemitismus nicht erfassen können. Es werden dennoch klare Tendenzen benannt, an denen man sehen kann, dass selbst angehende Lehrer/innen in den zentralen Fächern (Geschichte und Politik) ihr Studium absolvieren können, ohne auch nur eine inhaltliche Veranstaltung zum Thema Nationalsozialismus und Shoah besucht zu haben – ganz zu schweigen davon, dass dieses Bild mit Blick auf das Themenfeld Antisemitismus (und Rechtsextremismus bzw. Islamismus) noch weitaus ungünstiger ausfallen würde, da diese Themen im Sinne der Nachgeschichte ja bereits in der Erhebung miterfasst wurden.

Um die Entwicklungstendenz verstehen zu können, muss man freilich in die Fachkulturen sehr viel tiefer eintauchen, da dann auch sichtbar wird, in welchem Maße überhaupt eine Problem- und Relevanzwahrnehmung existiert. Will man an der bundesweit verbesserungswürdigen Ausbildungssituation an den Universitäten für angehende Lehrer/innen mit Blick auf das Themenfeld Antisemitismus etwas ändern, muss man einerseits die oftmals aktuell in der Reform befindlichen Studienordnungen um verbindliche Elemente zum Themenfeld Antisemitismus ergänzen, die einschlägigen Fachverbände (Verband der Historiker und Historikerinnen Deutschlands [VHD], Deutsche Vereinigung für Politikwissenschaft [DVPW], Deutsche Gesellschaft für Soziologie [DGS], Deutsche Gesellschaft für Erziehungswissenschaft [DGfE]) politisch in die Pflicht nehmen, ihrer gesellschaftspolitischen Verantwortung nachzukommen, und zugleich andererseits auf die Umnominierung von Professuren dringen (in der Politikwissenschaft etwa gibt es in ganz Deutschland keine einzige Professur für Rechtsextremismus- oder Antisemitismusforschung, in der Geschichtswissenschaft sind es zwei für Antisemitismusforschung, beide in Berlin) oder neue Professuren schaffen, kurzum: die Fachkulturen in denjenigen Fächern, die sich von dem Realbedarf in der Lehramtsausbildung entfernt haben, proaktiv umgestalten.

Zwei Beispiele: die Politik- und die Erziehungswissenschaft. Die Aufgabenfelder der politischen Bildung gelten in der Politikwissenschaft oft als wenig attraktiv. Politische Bildung wird mancherorts sogar auf die Vermittlung von Didaktik reduziert. Die Thematisierung politikwissenschaftlicher Kernthemen wie Rechtsextremismus, Antisemitismus oder NS-Herrschaftsanalyse ist in den Studien- und Modulordnungen bundesweit fast völlig verschwunden. Dass die geschichtswissenschaftliche Forschung aufgrund ihrer Methoden deutlich mehr Erkenntnisse zum Nationalsozialismus zu bieten hat als die politikwissenschaftliche, ist offenkundig. Allerdings hat die Politikwissenschaft in den 1990er-Jahren mit der Aufgabe des Forschungsfeldes Zeitgeschichte ihren demokratischen Grundauftrag entkernt: Dass der Nationalsozialismus heute nicht mehr zum Kerncurriculum politikwissenschaftlicher Lehre gehört und bestenfalls hier und da noch von engagierten Lehrenden, häufig nur Lehrbeauftragten in Einzelveranstaltungen angeboten wird, ist Teil einer Realität, in der die Politikwissenschaft in der Fläche kaum noch in der Lage ist, Lehramtsstudierende kompetent auf die Themenfelder Antisemitismus oder Rechtsextremismus vorzubereiten.

Auf einer anderen Ebene liegt das Grundproblem der Erziehungswissenschaft, die sich zunehmend vom pädagogischen Selbstverständnis löst und stattdessen als Bildungswissenschaft firmieren möchte. Und damit Gefahr läuft, kaum noch etwas für eine konstruktive und emanzipative Lehramtsausbildung beizutragen. Denn so sinnvoll im begründeten Einzelfall empirische Unterrichtsforschung sein mag (auch wenn sie einen wissenschaftsethisch grundsätzlich zu reflektierenden Eingriff in Schule und Unterricht darstellt), so überflüssig ist sie für eine Lehramtsausbildung, die elementar auf die Vermittlung pädagogischer Grundkenntnisse angewiesen ist, die vor allem normative Aufgaben hat. Ohne die Frage, wie und warum Lernen funktioniert und welche Subjekte im Lernort Schule miteinander interagieren, kann der Lehramtsberuf nicht sinnvoll ausgeübt werden. An die unverzichtbare Stelle einer normativen Werteorientierung tritt überdies in Teilen der Erziehungswissenschaft ein Kultur- und Werterelativismus, der zwar unter dem Label von Multiperspektivität oder Diversität firmiert, aber im Kern für die Thematisierung von Antisemitismus fatale Folgen haben kann: Denn es gibt keine perspektivische, kulturelle oder diverse Rechtfertigung für Antisemitismus, er ist immer falsch. Der Verlust normativer Urteilskraft in der Erziehungswissenschaft ist insofern ein Problem, das die Grundlage nicht nur für falschen Umgang mit Antisemitismus legt, sondern sehr viel fundamentaler der Sockel zahlreicher schulischer Probleme darstellt.

2.5 Schulleitung

Die mit Blick auf das Themenfeld Antisemitismus in der Schule relevanten Aspekte für den Akteur Schulleitung sind schon mehrfach angedeutet worden. Die Schulleitung ist diejenige Institution, die nicht nur die strukturellen Vorgaben für die jeweilige Schule formuliert, konkretisiert, spezifiziert und/oder umsetzt, sondern auch als Bindeglied zu anderen (externen) Akteuren fungiert. Die Schlüsselfrage für den Umgang mit Antisemitismus auf der Ebene der Schulleitung ist die nach einer vorhandenen Problemwahrnehmung oder Problemverdrängung. Genauso, wie jede/r Schulleiter/in weiß, dass es an ihrer/seiner Schule Probleme mit Gewalt, Mobbing und Drogen gibt, dies aber viel zu selten offensiv und proaktiv thematisiert, bevor es öffentlich (etwa durch Eltern) zu Kritik oder fundamentalen Problemen im Schulalltag kommt, wird Antisemitismus an Schulen zu wenig aktiv thematisiert. Es mag sein, dass einzelne Schulen kein Antisemitismusproblem haben, es wäre aber eher verwunderlich.

Insofern stellt sich die Frage für Schulleitungen weniger, ob sie ein Antisemitismusproblem an ihrer Schule haben, sondern mehr, wie sie damit umgehen – ob sie beispielsweise proaktiv Thementage oder Projektwochen zum Thema anbieten, noch bevor es zu antisemitischen Übergriffen gekommen ist, ob sie im Falle antisemitischer Diskriminierung aktiv agieren und bei Drohungen oder gar Tätlichkeiten ggf. Polizei und Staatsanwaltschaft hinzuziehen, ob sie in Schulordnungen ausdrücklich Antisemitismus als schulisch unerwünscht etikettieren oder ob sie die für das Thema zentralen Unterrichtsfächer wie Geschichte, Politik, Erdkunde und Religion bzw. Ethik von fachlich ausgebildeten Kolleg(inn)en unterrichten lassen – oder doch das „einfache“ Modell des fachfremden Unterrichts bevorzugen und damit dem naiven und gesellschaftlich gefährlichen Vorurteil aufsitzen, dass diese Fächer leicht fachfremd unterrichtet werden könnten (was sich bei Latein oder Physik deutlich weniger Schulleitungen anmaßen würden – obgleich die Folgewirkungen für die Gesellschaft bei fachfremd unterrichtetem Politik- oder Geschichtsunterricht verheerend sein können). An der Schnittstelle zu externen Akteuren sind Schulleitungen überdies zentral für die Frage, ob antisemitische Vorfälle gegenüber Schulaufsichtsbehörden und/oder Polizeibehörden gemeldet werden, was einerseits aus statistischen Gründen unverzichtbar ist, andererseits fallweise auch aus strafrechtlichen Gründen, vor allem aber, um auf diese Weise effektiv Problemfelder städtisch und regional identifizieren zu können.

2.6 Schulaufsichtsbehörden

Die oberste Schulaufsichtsbehörde ist gemäß der föderalen Organisation der Bundesrepublik und der damit verbundenen Hoheit der Länder in Kultusangelegenheiten das jeweilige Landeskultusministerium (bzw. desjenigen Landesministeriums, in dessen hoheitliche Aufgabe Schulen fallen). In den Ländern kommt im Regelfall ein zweistufiges System zum Einsatz, bei dem unterhalb der obersten Schulaufsichtsbehörde (dem Kultusministerium) staatliche Schulämter die Verantwortung als untere Schulaufsichtsbehörden, zumeist gegliedert nach (Land-)Kreisen, tragen.

Bezogen auf Antisemitismus im schulischen Alltag tragen diese unteren Schulaufsichtsbehörden vor allem die Verantwortung für die Frage, ob Antisemitismus an Schulen als Problem wahrgenommen wird oder ob Schulen es verdrängen und beschweigen können. Grundsätzlich trifft die untere Schulaufsicht dabei sowohl die Verantwortlichkeit für Antisemitismus bei Schüler/innen, wie auch bei Lehrer/innen und in der Schulleitung, damit also auch die Frage, in welchen konkreten Fällen innerschulische, disziplinarrechtliche, strafrechtliche und/oder mediale Formen der Thematisierung geboten sind. Ein Grundfehler bei der Problematisierung von Antisemitismus darf im Besonderen in den unteren Schulaufsichtsbehörden nicht begangen werden, weil sie die zentrale Verantwortung dafür tragen, ob Probleme in Schulen erkannt, benannt und dann auch behoben werden: Antisemitismus muss als solcher klar benannt werden und unmissverständlich kommuniziert werden, wer Täter/in und wer Opfer von Antisemitismus ist – jede Form von Relativismus, wie er bisweilen in Mediationsansätzen wahrnehmbar ist, führt aufgrund der autoritären Strukturierung des Antisemitismus immer nur zur Bestärkung von Antisemit(inn)en, deshalb ist ein Null-Toleranz-Ansatz unverzichtbar – gerade und vor allem auch im Falle des Bekanntwerdens von antisemitischen Lehrkräften.

Da jedes Akteurshandeln immer nur so gut und effizient sein kann, wie die Strukturen, die es tragen und ermöglichen, wird nachhaltig die Einführung eines obligatorischen Meldeverfahrens für antisemitische (Vor-)Fälle bei den unteren Schulaufsichtsbehörden angeregt; die dokumentierten Fälle sollten bei den oberen Schulaufsichtsbehörden gesammelt und öffentlich dokumentiert werden. Ebenfalls angeregt wird die Verknüpfung dieses Meldeverfahrens mit konkreten, operationellen Handlungsroutinen, denen die Schulaufsichtsbehörden im Fall antisemitischer Diskriminierung von Amts wegen nachgehen müssen.

Einen Schritt in die richtige Richtung kann der exemplarische Blick auf Berlin zeigen, in deren Senatsverwaltung für Bildung, Jugend und Familie als oberer Schulaufsichtsbehörde eine Antidiskriminierungsbeauftragte institutionalisiert existiert und zudem in der Senatsverwaltung für Justiz, Verbraucherschutz und Antidiskriminierung zusätzlich eine „Landesstelle für Gleichbehandlung – gegen Diskriminierung“ agiert, die in den Themenfeldern „Rechtsextremismus, Rassismus und Antisemitismus“ proaktiv handelt und mit der Landeskonzeption „Demokratie. Vielfalt. Respekt." (2008) konzeptionelle Grundlagen für die Berliner Politik geschaffen hat, von der ausgehend Landesprogramme und Landesaktionspläne entwickelt werden, konkret ist für 2019 die Entwicklung einer Berliner Landeskonzeption gegen Antisemitismus von den demokratischen Fraktionen im Berliner Abgeordnetenhaus beschlossenen worden (vgl. Berliner Abgeordnetenhaus 2018; siehe auch Salzborn 2018b)

2.7 Kultusministerien und Kultusministerkonferenz

Die Kultusministerien der Länder und die Kultusministerkonferenz (KMK) haben das Problem Antisemitismus grundsätzlich erkannt – die Umsetzung dieser Erkenntnis in konkrete Maßnahmen und vor allen Dingen strukturelle Veränderungen ist aber noch erheblich ausbaufähig. In der Gemeinsamen Erklärung des Zentralrats der Juden (ZJD) in Deutschland und der Kultusministerkonferenz zur Vermittlung jüdischer Geschichte, Religion und Kultur in der Schule vom 8. Dezember 2016 werden folgende grundsätzliche Aspekte für den Umgang mit dem Thema in der Schule herausgestellt:

> „Der Zentralrat der Juden in Deutschland und die Kultusministerkonferenz setzen sich gemeinsam dafür ein, dass das Judentum in seiner Vielfalt im schulischen All-

tag sichtbar gemacht wird, fordern dazu auf, persönliche Begegnungen mit Jüdinnen und Juden im schulischen Rahmen zu suchen und zu ermöglichen, empfehlen den Besuch von außerschulischen Lernorten, an denen jüdisches Leben in Vergangenheit und Gegenwart erfahrbar wird, fordern eine intensivere Vermittlung von Kenntnissen des Judentums und der jüdischen Geschichte in der Lehreraus-, -fort- und -weiterbildung und bieten entsprechende Hilfestellung bei der Entwicklung eines strukturierten Fortbildungsprogramms, erstellen gemeinsam mit Landesinstituten und Institutionen jüdischer Kultur eine strukturierte Sammlung von ausgewählten Materialien, die in der Aus-, Fort- und Weiterbildung sowie im Unterricht und in Projekten genutzt werden, erstellen zu ausgewählten Themen und Aspekten Lehrerhandreichungen, richten eine gemeinsame Fachtagung zur Umsetzung der Empfehlung in den Schulen aus."

Im Rahmen des Gutachtens, auf dessen Grundlage dieser Beitrag entstand, wurden sämtliche Kultusministerien der Länder darum gebeten, ihre konkreten Aktivitäten in der schulischen Bekämpfung zu benennen – nur Bayern und Hamburg haben trotz mehrfacher Ansprache und Bitte um Stellungnahme an der Datenerhebung nicht teilgenommen. Lässt man proklamatorische Erklärungen gegen Antisemitismus, welcher teilweise verkürzt oder falsch als Unterform von Rassismus bzw. von Vorurteilen missverstanden wird, außer Acht, finden sich bei den Bundesländern (im Folgenden in geografischer Reihung, von Nord nach Süd) folgende konkrete Ansatzpunkte:

- *Schleswig-Holstein* geht davon aus, dass es keine Zunahme antisemitischer Fälle im Bundesland gibt und kontextualisiert Antisemitismus als Teil „gruppenbezogener Menschenfeindlichkeit". Geschichte und Gegenwart des Judentums soll in Zukunft in möglichst vielen Jahrgangsstufen und Fächern dargestellt werden, insbesondere aber im Geschichtsunterricht; die Thematisierung von Israel als jüdischem Staat sei „schwierig curricular zu verankern", allerdings werde der Nahostkonflikt und die „Wasserproblematik" in Wirtschaft/Politik und Geografie behandelt. Eine Thematisierung von Israel sei in den Fachanforderungen für Geschichte und Wirtschaft/Politik nicht vorgesehen, in Geografie fokussiere man auf eine „Kompetenzorientierung", aufgrund derer das vormalige Themenfeld „Naher Osten" seit 2014/15 entfallen sei. Das Land biete überdies jährlich eine Fortbildung für 20 Lehrkräfte in Yad Vashem an. (vgl. Ministerium für Bildung, Wissenschaft und Kultur des Landes Schleswig-Holstein 2018)
- *Mecklenburg-Vorpommern* betont, das Thema Antisemitismus sei „seit Jahrzehnten fest in der Schule verankert" und benennt konkret Schülerfahr-

ten zu KZ-Gedenkstätten. Im Fach Geschichte und Politische Bildung werde Israel im Altertum behandelt, in den Jahrgängen 7/8 das Judentum im Mittelalter, in Jahrgang 9 der Nationalsozialismus und die historischen Ursprünge des Antisemitismus, in Jahrgang 10 optional der Nahost-Konflikt mit exemplarischer Analyse der Geschichte Israels. Für antisemitische Vorfälle wird auf die „Verwaltungsvorschrift für den Umgang mit Notfällen an den öffentlichen Schulen Mecklenburg-Vorpommerns" verwiesen, wobei seit 2015/16 eine statistische Erfassung vorliegt und antisemitische Vorfälle als „religiöser Extremismus" klassifiziert werden. Ferner wird auf Angebote der Landeszentrale für politische Bildung verwiesen und betont, dass es zwar keine ausdrücklichen Zuständigkeiten für das Thema gebe, die „zuständigen Fachreferenten" aber „sensibilisiert" seien. (vgl. Ministerium für Bildung, Wissenschaft und Kultur Mecklenburg-Vorpommern 2018)

- *Hamburg*: keine Auskunft.[3]
- *Niedersachsen* hält Antisemitismus im Kontext von „Gruppenbezogener Menschenfeindlichkeit" für hinreichend thematisiert und verfügt über kein besonderes Meldewesen für antisemitische Vorfälle in Schulen. Das Thema Judentum werde in Niedersachsen im Unterricht in den Fächern Religion und Werte und Normen „bereits vielfach und mehrperspektivisch" behandelt und insbesondere die „gemeinsamen Wurzeln" von Christentum, Islam und Judentum als abrahamitische Religionen betont. Insofern finde eine Reduktion des Judentums auf die Shoah nicht statt. Das Thema Israel werde dabei „implizit" thematisiert, wenn es um die historische und geografische Herkunft des Judentums gehe. Da das Land Niedersachsen eines der wenigen Bundesländer ist, in dem der Fall eines antisemitischen Lehrers öffentlich geworden ist und darüber auch in der internationalen Presse berichtet wurde (vgl. u. a. Weinthal 2016a, 2016b), wurde hier – auch vor dem Hintergrund, dass Antisemitismus vom Land nicht als spezielles Prob-

3 Nach der Veröffentlichung der Presseversion des Gutachtens im Januar 2019 hat Hamburg noch eine Stellungnahme nachgeliefert: Das Land betont die Wichtigkeit von Demokratieförderung und einer „frühzeitigen Prävention menschenverachtender und demokratiefeindlicher Einstellungen". Gemäß einer Richtlinie müssen „besondere Vorkommnisse" an Schulen an Schulleitung und Schulaufsicht gemeldet werden, was auch Antisemitismus umfasse. Beratung und Fortbildung im Bereich Antisemitismus obliegt dem Landesinstitut für Lehrerbildung und Schulentwicklung. Es werden regelmäßig Fortbildungen durchgeführt, u. a. in Kooperation mit Yad Vashem. Für den in Hamburg angebotenen interreligiösen Religionsunterricht liegt eine eigene Buchreihe vor, zugleich existiert in Hamburg kein Zulassungsverfahren für Schulbücher (vgl. Landesinstitut für Lehrerbildung und Schulentwicklung Hamburg 2019).

lem wahrgenommen wird – ausdrücklich für diesen Oldenburger Fall um Auskunft gebeten. Das Land erklärte, man habe den Fall „eingehend und sorgfältig geprüft", über das Ergebnis der Prüfung erteile man aber keine Auskunft (vgl. Niedersächsisches Kultusministerium 2018a, 2018b). Dass die Lehrkraft nach wie vor an einer Oldenburger Schule unterrichtet, ist als Kontextinformation bedeutsam, auch wenn sie ausdrücklich nicht vom Niedersächsischen Kultusministerium stammt.

- *Bremen* hat den Umgang mit dem Thema Antisemitismus in der Schule in den Gesamtkontext des Themas „Antisemitismus im Land Bremen entschlossen bekämpfen" (Dringlichkeitsantrag der Bremischen Bürgerschaft vom 24. Januar, Drs. 19/1498) gestellt und sieht die zentrale Aufgabe in der Thematisierung der NS-Verbrechen, der Erinnerungskultur und der deutsch-israelischen Beziehungen, wobei Schul- und Gedenkstättenpädagogik zusammenarbeiten müssten. Die schulischen Ansätze liegen hierbei vor allem in optionalen Möglichkeiten, wobei in einzelnen Fächern auch ausdrücklich Bezüge zu den Themenfeldern Antisemitismus und Judentum vorhanden sind. Im Bereich der Lehramtsausbildung des Faches Politik ist eine explizite Thematisierung von Antisemitismus und Verschwörungsideologien vorgesehen, Fortbildungsangebote erfolgen schwerpunktmäßig mit externen Partnerorganisationen. (vgl. Senat für Kinder und Bildung Freie Hansestadt Bremen 2018)
- *Brandenburg* bezieht sich auf sein Schulgesetz und betont, dass darin die „Ablehnung des Nationalsozialismus" und die „Akzeptanz anderer Kulturen" zu den Erziehungszielen der schulischen Bildung gehörten. Im Geschichtsunterricht sei im Basismodul „Zweiter Weltkrieg/Holocaust/Völkermord/Mord" für die Doppelstufe 9/10 das Thema explizit vorgesehen, im Fach Politische Bildung im Basismodul „Demokratie in Deutschland" für die Doppelstufe 9/10 gebe es Spielräume zur Thematisierung von Antisemitismus im Rahmen des Punktes „Gefährdung der Demokratie", auch im Literaturunterricht könnten Bezüge hergestellt werden. Darüber hinaus verweist das Land auf außerschulische Lernorte. Antisemitische Vorfälle sind dem Land für Brandenburg nicht bekannt, eine „generelle Einschätzung" über die Verbreitung von antisemitischen Einstellungen in den Schulen sei überdies nicht möglich. Mit Rundschreiben vom 1. Dezember 2017 hat das Land seine Schulen aufgefordert, Gewaltvorfälle mit einem speziellen Meldeformular zu melden. (vgl. Ministerium für Bildung, Jugend und Sport Brandenburg 2018)
- *Berlin* verfügt über ein statistisch präzises Erhebungsund Meldesystem für antisemitische Vorfälle an Schulen, das für 2017 19 Fälle von Antisemitis-

mus an Schulen erfasst hat. Mit der Stelle der Antidiskriminierungsbeauftragten der Senatsschulverwaltung, der Landesantidiskriminierungsstelle bei der Senatsverwaltung für Justiz und in Ergänzung durch die Erfassungen von RIAS (Recherche- und Informationsstelle Antisemitismus) existieren systematische Verantwortlichkeiten für die Befassung mit antisemitische Vorfällen in der Schule, wobei das Land seine Handlungsnotwendigkeiten vorrangig im pädagogischen und präventiven Bereich sieht, aber auch ausdrücklich die Notwendigkeit disziplinarischer Maßnahmen herausstellt. Da das Thema Judentum nicht auf den Nationalsozialismus verengt werden soll, wurde im Rahmenlehrplan Berlin und Brandenburg für das Fach Geschichte (Jg. 7/8) ein Längsschnittmodul „Juden, Christen und Muslime" verankert, im Fach Ethik soll das übergreifende Thema „Akzeptanz von Vielfalt" eine ähnliche Funktion erfüllen (vgl. Senatsverwaltung für Bildung, Jugend und Familie Berlin 2018). Im September 2018 wurde eine Meldepflicht für Antisemitismus an Schulen eingeführt (vgl. jlo/lov 2018).

- *Sachsen-Anhalt* verweist mit Blick auf antisemitische Vorfälle auf eine Handreichung für Schulen mit dem Titel „Informationen und Handlungsleitfäden für Krisenprävention und -intervention an den Schulen in Sachsen-Anhalt", wobei man „keinerlei Rückschlüsse auf einen Anstieg antisemischer Vorfälle" habe – allerdings für diese auch keine Meldeverfahren existieren, ebenso wenig wie eine Stelle beim Land, die für das Thema zuständig wäre. Das Land verweist überdies auf außerschulische Bildungsangebote, etwa der Landeszentrale für politische Bildung und auf Gedenkstättenfahrten sowie Schulpatenschaften (vgl. Ministerium für Bildung des Landes Sachsen-Anhalt 2018).
- *Nordrhein-Westfalen* lokalisiert das Thema Antisemitismus besonders stark als reines Gewaltproblem, dass durch allgemeine Haltungen wie ein Verantwortungsgefühl für die gesamte Schulgemeinschaft oder die Orientierung an der Landesverfassung für bekämpfbar gehalten wird. Rechtliche Regelungen des Landes mit Blick auf das Thema werden mit Bezug auf den Runderlass des Ministeriums zur „Zusammenarbeit bei der Verhütung und Bekämpfung der Jugendkriminalität" (22.08.2014) gesehen. Mit Schreiben vom 08.05.2018 hat das Schulministerium alle Schulen dazu aufgefordert, antisemitische Straftaten bei der Polizei zur Anzeige zu bringen. Mit Blick auf konkrete Maßnahmen in der schulischen Antisemitismusprävention verweist das Land auf Fortbildungsangebote im interkulturellen Bereich sowie auf Gedenkstättenbesuche (vgl. Ministerium für Schule und Bildung des Landes Nordrhein-Westfalen 2018).

- *Hessen* betont vor allem außerschulische Fortbildungsangebote für Lehrkräfte und verweist auf mehrere Bildungsträger in Hessen sowie Kooperationen in der Lehrkräftefortbildung mit Yad Vashem. Hervorhebenswert ist ein über die Staatlichen Schulämter an alle öffentlichen Schulen am 23. Mai 2018 ergangene erlassliche Regelung des Hessischen Kultusministers, nach der alle Schulen angehalten werden, antisemitische Vorfälle gemäß § 23 der Dienstordnung auf dem Dienstweg den jeweiligen Schulaufsichtsbehörden mitzuteilen, damit das Land jedem Einzelfall nachgehen kann. (vgl. Hessisches Kultusministerium 2018)
- In *Thüringen* sind an den allgemeinbildenden Schulen „besonders Vorkommnisse" meldepflichtig, wobei hierunter auch Antisemitismus fällt, jedoch vor allem mit Bezug zum Rechtsextremismus. Das Land führt optionale Bildungs- und Fortbildungsprojekte zum Nationalsozialismus, Antisemitismus und Judentum durch und hat ein Schulportal als zentrales Informationssystem entwickelt, in dem auch optionale Medienobjekte zum Themenfeld Judentum vorliegen. In den Fächern Ethik ist die Thematisierung der jüdischen Religion (Doppeljahrgang 5/6) sowie religiös bezogener Stereotype (Klassenstufe 7/8) im Lehrplan verankert, in Geschichte der Nationalsozialismus (Doppeljahrgang 9/10 und 11/12) sowie in Sozialkunde die demokratische Bildung (Doppeljahrgang 9/10 und Oberstufe) (vgl. Thüringer Ministerium für Bildung, Jugend und Sport 2018).
- *Sachsen* ist der Auffassung, dass Antisemitismus vor allem aus „religiösgeschichtlicher Unkenntnis und diffusen Vorurteilen" resultiere, weshalb die Lehrpläne dazu „anregen", „Orientierungsmuster, fragwürdige Traditionslinien sowie gelungene Lebens- und Gesellschaftsentwürfe" zu hinterfragen. Für konkrete Maßnahmen wird auf außerschulische (und teilweise außersächsische) Akteure verwiesen wie die Neue Jüdische Kammerphilharmonie, die Landeszentrale für politische Bildung oder den Deutschen Präventionstag.

  Eine statistische Erfassung antisemitischer Vorfälle erfolgt nicht, „sollte" es zu Vorfällen kommen, würden diese als „Besondere Vorkommnisse" direkt an das Kultusministerium gemeldet. Die Schulbücher sind in Sachsen nur teilweise (fachbezogen) zulassungspflichtig, im Bereich Evangelische und Katholische Religion sowie Ethik sind sie es und werden von Gutachter/innen geprüft, die „erfahrene Lehrkräfte im sächsischen Schuldienst" sind (vgl. Sächsisches Staatsministerium für Kultus 2018).
- *Rheinland-Pfalz* richtet seinen Fokus fast ausnahmslos auf außerschulische und freiwillige Angebote, wie etwa Gedenkstättenfahrten und Kooperationen mit Yad Vashem und verweist auf das Angebot der Landeszentrale für

politische Bildung. Ein Meldeverfahren für antisemitische Vorfälle existiert nicht. (vgl. Ministerium für Bildung Rheinland-Pfalz 2018)

- *Baden-Württemberg* hat die Aufforderung an seine Schulen gerichtet, antisemitische Vorfälle der Schulverwaltung zu melden, wobei die Erkenntnisse auch hier im Kultusministerium zusammenlaufen sollen. Mit Blick auf die Bildungspläne des Landes wird darauf hingewiesen, dass die Darstellung jüdischer Geschichte und jüdischer Kultur in den Bildungsplänen Geschichte sowie Landeskunde/Landesgeschichte sowie das Themenfeld Judentum in der Katholischen und Evangelischen Religionslehre sowie im Bereich Ethik berücksichtigt würden, wobei der Schwerpunkt dezidiert auf Gymnasialunterricht liegt (vgl. Ministerium für Kultus, Jugend und Sport Baden-Württemberg 2018).
- Das *Saarland* betont vor allem die Relevanz von Erinnerungsarbeit für Schulen und rückt hier Fort- und Weiterbildungsangebote in den Mittelpunkt, die unter anderem von der Landeszentrale für politische Bildung, dem Schulnetzwerk „Schule ohne Rassismus", dem Landesinstitut für Präventives Handeln und dem Landesamt für Verfassungsschutz angeboten würden. Eine allgemeine und spezielle Meldepflicht für antisemitische Vorfälle existiert nicht und sie ist auch nicht geplant (vgl. Ministerium für Bildung und Kultur Saarland 2018).
- *Bayern*: keine Auskunft.

Fast alle Bundesländer verweisen in ihren Stellungnahmen auf die Gemeinsame Erklärung von ZJD und KMK sowie auf die gemeinsam erstellte „Kommentierte Materialsammlung zur Vermittlung des Judentums", die auf der Website im Entstehen begriffen ist. Diese Verweise, so wichtig und richtig sie sind, markieren aber auch einen Zirkelschluss: Der ZJD setzt sich intensiv dafür ein, dass die Themen Antisemitismus und Judentum adäquat in der Schule thematisiert werden und initiiert zusammen mit der KMK eine richtungsweise Erklärung – hinter die sich dann aber viele Kultusministerien zurückziehen, so als wäre sie nicht der Anfang, sondern das Ende der schulischen Thematisierung und Bekämpfung von Antisemitismus.

Gottfried Kößler hat in einem stichprobenartigen Lehrplanvergleich schon 2006 gezeigt, dass zwar das Themenfeld Nationalsozialismus und Shoah in den Lehrplänen der Bundesländer einen „relativ breiten Raum einnimmt" (Kößler 2006: 175), zugleich aber die Themenfelder Antisemitismus, jüdische Geschichte und Israel zumeist nur sehr rudimentär verankert sind und oft mit falschen Assoziationsketten verknüpft werden (also zum Beispiel „jüdische Geschichte" nur als Geschichte des Antisemitismus kontextualisiert wird – obgleich dies eigentlich die Geschichte der Antisemit/innen ist und zugleich die tatsächliche jüdische Geschichte ausblendet) (vgl. ebd.: 176 ff.). Weitere systematische Vergleich der Lehrpläne aller Fächer und Schultypen sollten folgen, da es nach wie vor an einer Totalerhebung des Sachverhaltes mangelt.

Ein generelles Problem des Schulunterrichts, das möglicherweise aufgrund der föderalen Strukturierung der Bundesrepublik nur sehr mühsam reformierbar wäre, ist die generelle mangelnde Wertschätzung gegenüber Fächern wie Geschichte, Politik und Ethik, die häufiger als andere Fächer fachfremd unterrichtet werden. Dies müsste dringend geändert werden. Aufgrund ihrer Schlüsselrelevanz zum Verständnis von Politik und Gesellschaft und damit der Lebensrealität aller Menschen sollten sie außerdem dringend den Status eines Hauptfaches bekommen.

Aber auch die Praxis der Zulassungsverfahren der Lehr- und Lernmittel muss in den Blick genommen werden: vier Bundesländer (Berlin, Hamburg, Saarland, Schleswig-Holstein und teilweise Sachsen) verzichten auf eine Kontrolle der Schulbücher und stellen es in die Hoheit der Schulen, diese auszuwählen – lässt man einmal außer Acht, dass diese vier Länder damit eine hoheitliche Befugnis auf niederrangige Akteure übertragen und das Kultusfeld damit de facto nicht mehr Länder-, sondern Schulsache wird, ist diese vermeintliche Freiheit eine eklatante Überforderung der Schulen. Die einzelnen Schulen können schon aus zeitlichen Gründen nicht den gesamten Schulbuchmarkt im Blick haben und erst recht nicht umfassend prüfen, inwieweit die jeweiligen fachlichen und didaktischen sowie bildungs- und erziehungspolitischen Vorgaben des jeweiligen Bundeslandes erfüllt sind. Insofern sind die Prüfungen der Schulbücher in den einschlägigen Fächern zu optimieren, weil nur so mangelhafte Schulbücher (siehe Kap. 2.8.) vom Markt verdrängt werden können.

2.8 Schulbücher

Schulbücher sind das zentrale Moment als Autorität in der schulischen Bildung – ungeachtet der Frage, wie kompetent oder inkompetent eine Lehrkraft ist, nehmen Schüler/innen Schulbücher als Schlüsselautorität wahr, die vor allem aus einem Grund so zentral ist: Die Frage nach der Benotung von schulischen Leistungen hängt an den Schulbüchern, sodass in einer Klassenarbeit, einem Referat oder auch einer Abiturprüfung primär das reproduziert wird, was im Schulbuch steht, da diese Quelle aus der Perspektive der Schüler/innen eine weitaus höhere normative Relevanz hat, als das von Lehrer/innen oder gar außerschulischer Literatur vermittelte Wissen. Insofern sind Schulbücher mit

Blick auf die Auseinandersetzung und den Kampf gegen Antisemitismus das zentrale Bindeglied zwischen allen Akteursund Strukturdimensionen (vgl. Kizel 2008; Kloke 2017).

Umso dramatischer ist es, dass viele deutsche Schulbücher mit Blick auf das Themenfeld Antisemitismus nach wie vor über Mängel verfügen (vgl. SPME/DIG 2015; Rensmann 2018) – aus unterschiedlichen Gründen: Dies betrifft sowohl die Frage der quantitativen (Nicht-)Thematisierung, wie auch ihre Qualität, einerseits hinsichtlich der Fakten, aber auch hinsichtlich wahlweise überwältigender oder unterfordernder Didaktik. Zu diesem Ergebnis kommt die Deutsch-Israelische Schulbuchkommission (2015), wir haben dies aber auch an Stichproben aktueller Schulbücher für die Fächer Geschichte, Politik und Geografie überprüft und konnten nur in Einzelfällen feststellen, dass Schulbuchverlage und Schulbuchautor(inn)en die Empfehlungen zumindest in Ansätzen umzusetzen versucht haben. In einem explorativen Pilotprojekt des Zentrums für Antisemitismusforschung der TU Berlin in Zusammenarbeit mit dem Cornelsen Verlag hat sich beispielsweise gezeigt, dass deren Bildungsmedien im Bereich des Französischunterrichts für den Sekundarbereich weitgehend den Ansprüchen an eine kritische Befassung mit dem Thema Antisemitismus und einer selbstverständlichen Thematisierung von jüdischer Kultur und Geschichte genügen.

Die (zweite) Deutsch-Israelische Schulbuchkommission hat von 2010 bis 2015 Lehrbücher der Fächer Geografie, Geschichte und Politik untersucht:

> „Während in Israel zu Beginn der gemeinsamen Arbeit weniger als 100 Schulbücher für Geschichte, Geographie und Sozialkunde in den drei staatlich kontrollierten Bildungssektoren zugelassen waren, umfasste das entsprechende Korpus in Deutschland fast 1.200 Lehrwerke. Grund hierfür ist die föderale Struktur und die Gliederung des deutschen Bildungswesens, dem die Schulbuchverlage Rechnung tragen müssen. Es lag auf der Hand, dass hier eine repräsentative Auswahl getroffen werden musste, um ein im gegebenen Zeitrahmen bearbeitbares Untersuchungssample zu erhalten. Die Kommission entschied sich dafür, die Geschichts-, Geographie- und Sozialkundebücher für beide Sekundarstufen und Schulformen ab Erscheinungsjahr 2004 zu untersuchen, die im Jahr 2011 in den Bundesländern Bayern, Berlin (bzw. Brandenburg), Niedersachsen, Nordrhein-Westfalen und Sachsen zugelassen waren. Dieser Wahl lag neben der anzunehmenden großen Benutzerzahl der Bücher in den bevölkerungsreichen Ländern die Prämisse zu Grunde, dass sich in dem zu untersuchenden Textkorpus unterschiedliche Lehrplanansätze, eine unterschiedlich zusammengesetzte Schülerschaft als Adressat der Texte sowie gegebenenfalls auch regional unterschiedliche politische und erinnerungskulturelle Eigen-

> heiten spiegeln sollten. Nach einer Sichtung und Prüfung des letztlich noch über 400 Schulbücher umfassenden Samples wurden 94 Schulbücher der beiden Sekundarstufen ausgewählt, in denen Israel in der einen oder anderen Weise thematisiert wird: 33 Geschichtsschulbücher, 29 Geographielehrwerke sowie 31 Schulbücher für das Fach Sozialkunde/Politik. Darüber hinaus wurden 25 Kapitel aus Geschichtsschulbüchern hinsichtlich der Darstellung des Holocaust analysiert. Auf israelischer Seite wurden insgesamt 28 Geschichts-, 10 Geographie- und 6 Sozialkundeschulbücher untersucht, in denen Deutschland, die deutsche Geschichte und der Holocaust entweder schwerpunktmäßig behandelt oder in anderen thematischen Zusammenhängen erwähnt werden." (Deutsch-Israelische Schulbuchkommission 2015: 18 f.)

Aufgrund der föderalen Struktur der Bundesrepublik sind Generalisierungen schwer möglich, es gibt aber sehr deutliche Tendenzen. So war etwa eine Thematisierung des Nahostkonflikts und Israels überhaupt nur in Bayern (in Geschichte, Realschule und Gymnasium, in beiden Sekundarstufen) ausdrücklich vorgesehen (vgl. ebd.: 24), allein Berlin und Brandenburg bieten im Rahmen der Doppeljahrgangsstufe 9/10 im Rahmen eines historischen Längsschnitts (Berlin) bzw. im Wahlpflichtunterricht im erhöhten Anforderungsniveau (Brandenburg) die Möglichkeit, den Nahostkonflikt optional zu behandeln.

Mit Blick auf Schulbücher der Fächer Geschichte, Geografie und Politik sind drei Themenfelder zentral: zunächst die Frage, ob und in welcher Weise Antisemitismus überhaupt aktiv thematisiert wird, was insbesondere auf die Dimension der Shoah und einer doppelten Problematik verweist – denn in vielen Schulbüchern wird die Shoah nicht als das zentrale Moment der Nationalsozialismus dargestellt, sondern neben anderen Aspekten (Machtergreifung, Kriegführung usw.) und insofern unterschlagen, dass das weltanschauliche Ziel des Nationalsozialismus die Vernichtung der Juden war, dem sich alles andere unterordnete. Zugleich wird Antisemitismus aber durch seine historische Verbindung mit dem Nationalsozialismus auch in Schulbüchern externalisiert, was im Selbstbild mehr noch Ost- als Westdeutschland trifft: Dadurch, dass Antisemitismus als Teil des Nationalsozialismus gilt, scheint er nicht nur keine Vorgeschichte mehr, sondern auch keine Nachgeschichte zu haben. Antisemitismus als Weltbild ist zwar das zentrale Element des Nationalsozialismus, aber eben auch in anderen politischen Kontexten immer wieder eine Schlüsselideologie. Das alleinige Faktum, das in allen Bundesländern in allen Schultypen und Schulstufen der Nationalsozialismus und die Shoah als Unterrichtsgegenstand vorgeschrieben sind (vgl. ebd.: 25), ist insofern unverzichtbar, aber nicht hinreichend für die schulische Befassung mit Antisemitismus.

Denn wenn Antisemitismus auf den Nationalsozialismus reduziert wird, wird er damit auch exterritorialisiert, was eine doppelte Fehlwahrnehmung – resultierend aus der zunächst völlig richtigen Erkenntnis, dass Antisemitismus den Kern des Nationalsozialismus ausmachte – ist: So scheint es Antisemitismus nur in der politischen Rechten (und auch fast nur historisch) zu geben, was eine Abwehr des Antisemitismus in der politischen Linken und der Mitte der Gesellschaft bedeutet. Zugleich erscheint Antisemitismus damit als Konstrukt, das „plötzlich“ (mit dem Nationalsozialismus) da war und ebenso „plötzlich“ wieder verschwunden scheint – was Vor- und Nachgeschichte des Antisemitismus ausblendet und dessen zahlreiche Erscheinungsformen vor und nach dem Nationalsozialismus bis in die Gegenwart ignoriert. Auch die Darstellung der deutsch-israelischen Beziehungen entlang der Erinnerungs- und Geschichtspolitik sowie der Frage der Zahlungen wären vor dem Hintergrund der fehlenden Befassung mit antisemitischer Geschichte seit dem Nationalsozialismus und besonders der deutschen Schuldabwehr in die Schulbücher zu integrieren. (vgl. ebd.: 38) Die zweite Frage ist, welche Darstellung – neben der Befassung mit Antisemitismus – dem Judentum in den Schulbüchern zukommt. Denn auch wenn Antisemitismus ein Problem der Antisemit(inn)en ist, also nicht aus der Geschichte und Kultur des Judentums erklärt werden kann, sondern nur aus den Projektionen der Antisemit(inn)en, so ist es für eine umfassende Prävention gerade in Altersgruppen, in denen sich Antisemitismus noch nicht zum Weltbild verfestigt hat, sondern ggf. als Themenfeld sogar noch gänzlich unbekannt ist, umso zentraler, Geschichte, Kultur und Religion des Judentums als Teil der europäischen und deutschen Geschichte und Gegenwart darzustellen und so durch Wissen gegen antisemitisches Ressentiments zu immunisieren, noch bevor diese bekannt sind.

Und schließlich ist auch die Frage der Thematisierung von Israel für das Themenfeld zentral: Der aktuelle Antisemitismus richtet sich in erster Linie gegen Israel. Dessen Darstellung in Schulbüchern ist insofern bedeutsam: Oft ist diese aber eine Darstellung, in der einerseits Israel ausschließlich als konflikthaft wahrgenommen wird und andererseits innerhalb der Konfliktkonstellation des Nahen Ostens häufig einseitig für die Palästinenser Partei genommen wird, etwa dadurch, dass Kartenmaterial in Geografielehrbüchern falsch tituliert wird, dass die militärischen Reaktionen auf den palästinensischen Terrorismus als ebenso problematisch oder sogar noch problematischer als dieser dargestellt werden und dass insgesamt ein Wissen über die lange Geschichte des arabischen (Vernichtungs-)Antisemitismus komplett ausgeblendet wird. Das Wissen über Israel als einzige Demokratie im Nahen Osten, als pluralistische Gesellschaft, als Migrationsgesellschaft oder in seiner Relevanz für zahlreiche Schlüsseltechnologien fehlt weitgehend, einzig in Geografielehrbüchern wird das Thema Wasser aufgegriffen, hier allerdings oft einem kulturalistischen Paradigma (Kulturerdteil- bzw. Kulturraumkonzept, 25, bei dem Israel im „Orient" als Fremdkörper dargestellt wird, vgl. ebd.: 25 u. 68) gefolgt. Die Schulbuchkommission betont, dass es notwendig wäre, die Geschichte Israels nicht eindimensional als Konfliktgeschichte darzustellen, die Schulbuchautoren dazu anzuhalten, ein facettenreiches und eben nicht einseitig ein antiisraelisches parteiergreifendes Bild zu zeichnen (vgl. ebd.: 37) – wobei das Israelbild im Übrigen in den meisten Schulbüchern dem Grundkonsens des Beutelsbacher Konsenses fundamental widerspricht, da Israel einerseits einseitig negativ und die Palästinenser zugleich einseitig positiv dargestellt werden. Wichtig sei überdies, so die Schulbuchkommission, die altersgemäße Darstellung und – im Geschichtsunterricht – die historische Kontextualisierung, die auch bedeutet, mit historisch korrektem Karten- und Bildmaterial zu arbeiten und nicht mit Karikaturen aus anderen zeitlichen Kontexten, die selbst nicht selten antisemitisch sind. Die Schulbuchkommission betont hier auch ausdrücklich die mangelhafte Kompetenz mancher Schulbuchautor(inn)en als zentrales Problem, wenn es heißt, dass man „insbesondere auf die sprachliche Gestaltung von Überschriften, den Duktus des Autorentextes und der Arbeitsaufträge, die Zusammenstellung von Quellen und den Einsatz von Bildmaterial" achten solle (vgl. ebd.: 39) und besonderes Augenmerk „auf die Sprache der Darstellung" sowie ihre „Sorgfalt, Ausgewogenheit, Faktenorientierung" zu legen sei (vgl. ebd.: 40). Stichproben von Schulbüchern, die nach Abschluss der Schulbuchkommission verfasst wurden, zeigen hier ein drastisches Bild, wenn etwa Schüler/innen dazu aufgefordert werden, ihr bereits vorhandenes „Wissen" über den Nahostkonflikt zusammenzutragen (in einer Einheit, die den Beginn des Themas markiert), auf eine historische Karte zum Zeitpunkt der Staatsgründung Israels, der politisch und historisch falsche Schriftzug „Palästina" angebracht wird oder mit Suggestivfragen gearbeitet wird, ob Schüler/innen der Sekundarstufe 1 die Zerstörung von – so die Apostrophierung durch den Autor – Häusern von „angeblichen" Selbstmordattentätern gut finden würden. Auch die Schulbuchkommission stellte bereits fest: „Für die Zeit danach (nach der Staatsgründung 1948) sollte die Gesamtbezeichnung des Landes als ‚Palästina', vor allem in Überschriften, vermieden werden; stattdessen sollten die exakten Bezeichnungen der Staaten und territorialen bzw. politischen Entitäten, wie sie im internationalen politischen Kontext geläufig sind, verwendet werden" (ebd.: 71). Im Klartext: Da es „Palästina" als Staat nicht gibt, suggeriert die Bezeichnung „Palästina" ein einseitiges, antiisraelisches Bild und befördert evtl. bei Schüler(inne)n vorhandenes Halbwissen – wer von

„Palästina" spricht, folgt insofern nicht einer Ausgewogenheit, sondern nimmt einseitig Partei und operiert mit einer Falschdarstellung.

Unsere Stichproben im Themenfeld Nahostkonflikt in aktuellen Schulbüchern der Fächer Geografie, Geschichte und Politik haben die Erkenntnisse der Schulbuchkommission bestätigt. Zudem ist zu attestieren, dass das Schlüsselfach für das Thema Antisemitismus – der Politikunterricht – insgesamt als Fach in der Stundentafel viel zu schwach verankert ist und die integrale Aufgabe des Faches, zwischen historischen und geografischen (und im Prinzip auch religiösen bzw. ethischen) Dimensionen zu vermitteln, nicht geleistet wird: Antisemitismus muss Schlüsselthema im Politikunterricht werden, wofür es neben einzelnen Unterrichtseinheiten auch Lehrbücher mit Gesamtdarstellungen des Themas für jeden Schultyp und beide Sekundarstufen geben sollte – denn auch die Lehrer/innen können das Thema nur unterrichten, wenn sie über seriöses und solides Material verfügen. Für weitere empirische Analysen müssten überdies die Lehrkraftmaterialien (Lösungen, Lehrerbücher etc.) einbezogen werden, um zu prüfen, ob hier angemessen und vor allen Dingen historisch und politisch korrekt informiert wird.

Robert Sigel (2015: 45) hat darauf hingewiesen, dass es jenseits von Schultypen und Altersstufen in der föderalen Struktur des bundesdeutschen Bildungssystems eine generelle Tendenz gibt, die insbesondere die Fächer Geschichte und Politik betrifft, bei der ein „Übergang von einer Festschreibung der Lerninhalte und Lernziele hin zu einer Definition und Festlegung der zu erwerbenden Kompetenzen" gibt – das ist problematisch und ein Schritt in genau die falsche Richtung. Vor diesem Hintergrund wird auch der Ansatz der „Multiperspektivität", wie ihn etwa die KMK für die historisch-politische Bildung fordert (vgl. KMK 2016), zum Teil des Problems, da Multiperspektivität, bei der nicht primär Fakten und Tatsachen betont werden, sondern als scheinbar gleichrangig und gleich legitim nebeneinanderstehende Sichtweisen präsentiert werden, gerade beim Thema Antisemitismus kontraproduktiv und wahrheitswidrig ist, weil es sich um ein falsches Verständnis des Kontroversitätsgebots handelt: Dinge, die sachlich nicht richtig sind, kann man nicht „neutral" diskutieren, sondern muss sie als falsch markieren – die Leugnung der Shoah ist keine „Meinung", sondern eine Lüge – und strafbewehrt. Was für andere Fächer gilt (in Mathematik würde man z. B. niemals akzeptieren, wenn Schüler/innen behaupten würden, 2 plus 2 sei 17), muss auch unverhandelbarer Standard im Politik- und Geschichtsunterricht sein.

Dem allgemeinen Trend zu einer (Über-)Didaktisierung muss im Themenfeld Antisemitismus vor allen Dingen mit zunächst einmal korrekten Fakten begegnet werden: Emotionalisierung und Überwältigung sind der dezidiert falsche Weg – und es gilt der einfache, aber treffende Satz: Faktenfreiheit plus Emotionalisierung gleich Überwältigung. Schulbücher müssen die Faktenlage korrekt darstellen und keine Falschinformationen verbreiten. Anzuregen wäre insofern für die Verlage von Schulbüchern und Bildungsmedien als mittelbare, aber maßgebliche Akteure zum Thema Antisemitismus in der Schule, in diesen thematischen Bereichen eine systematische Prüfung und ggf. Schulung der eigenen Schulbuchautor(inn)en vorzunehmen oder in dem Feld dezidiert mit entsprechenden wissenschaftlichen Einrichtungen, gerade zur Geschichte, Kultur und Religion des Judentums zusammenzuarbeiten.

Antisemitismus ist ein zentrales Element moderner Gesellschaften und als Weltbild sowohl in christlichen wie islamischen Gesellschaften derart dominant, dass es kontinuierlich in Geschichte und Gegenwart thematisiert werden muss – und zwar nicht exemplarisch, da Antisemitismus nicht einfach ein Vorurteil, sondern ein Weltbild ist, also historisch wie aktuell über eine grundlegend differente Relevanz verfügt als andere Diskriminierungsphänomene. Denn Antisemit(inn)en erklären sich ihr gesamtes Weltbild durch antisemitische Projektionen und Verschwörungsmythen, in denen Jüdinnen und Juden für alles verantwortlich gemacht werden, was sie selbst nicht verstehen können oder wollen – und dabei zugleich als unglaublich mächtig, wie unglaublich machtlos fantasiert werden.

3 Schlüsselprobleme und Handlungsempfehlungen

Zahlreiche konkrete Probleme in der Thematisierung von Antisemitismus als Unterrichtsgegenstand und der Befassung mit antisemitischen Einstellungen und Verhalten in Schulen sind im voranstehenden Beitrag benannt. Resümierend sollen an dieser Stelle nur die zentralsten Probleme noch einmal fokussiert wiederholt werden, um zu zeigen, dass an vielen Stellen nicht mehr Finanzmittel nötig sind, sondern Einsicht und/oder Engagement fehlen:

1. Mit Blick auf antisemitische Diskriminierungsformen in Schulen ist darauf hinzuweisen, dass fast flächendeckend keine oder unzureichende Meldesysteme für antisemitische Vorfälle – bei Schüler/innen wie Lehrer/innen – bestehen. Hierbei mangelt es oft an Problembewusstsein, auch, weil Antisemitismus in seiner Spezifik als leidenschaftliches Weltbild verkannt und unter andere Formen von Diskriminierung summiert wird. Der Handlungsdruck auf Schulen, antisemitische Vorfälle zu melden, ist nur zögerlich in einigen Bundesländern in Gang gekommen, ausgebaute Strukturen

auf der Ebene der unteren und oberen Schulaufsicht gibt es – mit Ausnahme von Berlin – im Prinzip nicht.

2. Neben der offiziellen Meldung von antisemitischen Vorfällen und der fallweisen Entscheidung, welche Formen von Intervention nötig sind und inwiefern sogar strafrechtliche Verfolgung oder disziplinarrechtliche Maßnahmen (im Falle von Lehrkräften) geboten ist, bedarf antisemitische Diskriminierung auch im schulischen Kontext der Öffentlichkeit: Gerade aufgrund der autoritären Strukturierung des antisemitischen Weltbildes ist es unverzichtbar, antisemitische Einstellungen und Verhaltensweisen von Schüler/ innen gegenüber den Eltern immer ausdrücklich als Problem zu kommunizieren und diese explizit zur Intervention gegen Antisemitismus in der außerschulischen Erziehung anzuhalten.
3. Der Vergleich zweier prominenter Fälle antisemitischer Lehrkräfte in Oldenburg und Berlin zeigt, dass das Problem der schulischen Bekämpfung von Antisemitismus nicht nur auf der rechtlichen und strukturellen Ebene liegt, sondern auch auf der Frage, ob bei den Ländern eine Handlungsbereitschaft überhaupt existiert: Die schulrechtlichen Rahmenbedingungen in Niedersachsen und Berlin sind ähnlich, möglicherweise wird man die disziplinarrechtlichen Möglichkeiten in Niedersachsen sogar als günstiger für die Bekämpfung von Antisemitismus bei Lehrkräften einschätzen müssen, das Verhalten ist aber diametral: Während Berlin gegen den Fall einer antisemitischen Lehrkraft zeitnah und eindeutig vorgegangen ist, beschweigt Niedersachsen das Problem und belässt die antisemitische Lehrkraft weiterhin im Schuldienst. Wenn aufseiten der staatlichen Akteure keine Bereitschaft besteht, die bestehenden Regelungen umzusetzen, dann ist das eine Kapitulation vor Antisemitismus.
4. Es ist ein mangelndes Problembewusstsein im pädagogischen Kontext zu attestieren, neben den Möglichkeiten auch die Grenzen von Pädagogik in der Schule zu reflektieren. Antisemitische Vorfälle sind manchmal, aber eben oft nicht allein durch pädagogische Maßnahmen zu lösen, es bedarf der flankierenden Verbindung von Prävention, Intervention und Repression. Zudem sind bedenkliche Tendenzen im pädagogischen Feld auszumachen, die Kompetenzorientierungen vor Faktenlernen stellen und aus einer falsch verstandenen Multiperspektivität Antisemitismus, etwa aus muslimischem Kontext, tolerieren. Jeder Antisemitismus im schulischen Kontext muss ohne Rücksicht auf den politischen, sozialen oder religiösen Kontext der ihn formulierenden Personen als falsch und unwahr zurückgewiesen werden, auch pädagogische Ansätze müssen reflektieren, dass man über viele Fragen unterschiedlicher Meinung ein kann, dass aber man-

che Meinungen – eben wenn sie antisemitisch sind – objektiv falsch sind, weil sie auf Unwahrheiten basieren.

5. Gern wird in schulischen Kontexten auf außerschulische Lernorte verwiesen – der Hinweis ist für sich genommen nicht falsch, fungiert aber faktisch oft als Verantwortungsabwehr. Die Schule ist und bleibt neben der Familie die zentrale Sozialisationsagentur der bundesdeutschen Gesellschaft und sie kann und darf sich nicht aus ihrer Schlüsselverantwortung für die Bekämpfung von Antisemitismus herausstehlen, in dem sie das Problem delegiert.
6. Der Dreh- und Angelpunkt des Problems bleiben die Schulbücher, die oftmals hinter den – durchaus auch in vielen Fällen als zu rudimentär einzustufenden – Rahmenrichtlinien und Lehrpläne zurückbleiben, in gravierender Weise verkürzend und, im Falle des Themenfeldes Israel, drastisch einseitig propalästinensisch ausgerichtet sind. Auf der einen Seite können und müssen die Länder, die keine Zulassungsverfahren für Schulbücher (mehr) haben, diese Praxis dringend überdenken, weil Schulleitungen und Fachkonferenzen faktisch nicht die Kompetenz haben, um über die Qualität von Schulbüchern im schulrechtlichen Kontext zu entscheiden. Zugleich sind aber gerade die Schulbuchverlage gefordert, in den einschlägigen Bereichen die Qualität ihrer Unterrichtsmaterialien zu überprüfen (oder fachkompetent) überprüfen zu lassen, weil – so der Eindruck basierend auf unserer stichprobenhaften Überprüfung von Schulbüchern – das Hauptproblem darin besteht, dass viele Schulbuchautor(inn)en zu wenig Kompetenz und Wissen in den Bereichen Antisemitismus, Judentum und Israel haben.
7. Grundlagenwissen in der Schule vermitteln immer Schulbücher. Da Antisemitismus eine Querschnittsaufgabe für alle Jahrgangsstufen, Schultypen und Fächer darstellt, wäre zu bedenken, ob beispielsweise von der KMK im Kontext ihrer gemeinsamen Arbeit mit dem ZJD ein spezielles Schulbuch „Antisemitismus“ initiiert werden sollte, das grundlegend über das Thema mit Materialien und Informationen aufklärt und insofern als Background zu anderen Schulbüchern genutzt werden könnte.

Literatur

Abgeordnetenhaus Berlin 2018: Gegen jeden Antisemitismus! – Jüdisches Leben in Berlin schützen. Antrag der Fraktion der SPD, der Fraktion der CDU, der Fraktion Die Linke, der Fraktion Bündnis 90/Die Grünen und der Fraktion der FDP, Drucksache 18/1061 v. 23.05.2018.

Adorno, Theodor W. 1951: Minima Moralia. Reflexionen aus dem beschädigten Leben, in: Ders.: Gesammelte Schriften Bd. 4, Frankfurt/Main 1997.

Adorno, Theodor W. 1971: Erziehung zur Mündigkeit. Vorträge und Gespräche mit Hellmut Becker 1959–1969, Frankfurt/Main.

Adorno, Theodor W./Frenkel-Brunswik, Else/Levinson, Daniel J./Sanford, R. Nevitt 1973: Studien zum autoritären Charakter, Frankfurt/Main.

Ahlheim, Klaus/Heger, Bardo 2000: Der unbequeme Fremde. Fremdenfeindlichkeit in Deutschland – empirische Befunde, 2. Aufl., Schwalbach/Ts.

Ahlheim, Klaus/Heger, Bardo 2002: Die unbequeme Vergangenheit. NS-Vergangenheit, Holocaust und die Schwierigkeiten des Erinnerns, Schwalbach/Ts.

Ahlheim, Klaus 2005: Prävention von Rechtsextremismus, Fremdenfeindlichkeit und Antisemitismus, in: Wolfgang Sander (Hg.): Handbuch politische Bildung, 3. völlig überarb. Aufl. Schwalbach/Ts., S. 379–391.

Bernstein, Julia (Hg.) 2018: „Mach mal keine Judenaktion!“: Herausforderungen und Lösungsansätze in der professionellen Bildungs- und Sozialarbeit gegen Antisemitismus, Frankfurt/Main.

Beutelsbacher Konsens 1977, in: Kuhn, Hans-Werner/Massing, Peter/Skuhr, Werner: Politische Bildung in Deutschland. Entwicklung – Stand – Perspektiven, 2. überarb. u. erw. Aufl., Opladen 1993, S. 300–301.

BpB/Bundeszentrale für politische Bildung (Hg.) 2016: Kritische Auseinandersetzung mit Antisemitismus. 11 Aktivitäten für die schulische und außerschulische politische Jugend und Erwachsenenbildung, Bonn.

Breit, Gotthard/Schiele, Siegfried (Hg.) 2002: Demokratie-Lernen als Aufgabe der politischen Bildung, Bonn.

Brühl, Christian/Meier, Marcus (Hg.) 2014: Antisemitismus als Problem in der schulischen und außerschulischen Bildungsarbeit. Pädagogische und didaktische Handreichungen für Multiplikatoren und Multiplikatorinnen, 3. Aufl., Köln.

Chernivsky, Marina/Scheuring, Jana (Hg.) 2016: Gefühlserbschaften im Umbruch. Perspektiven, Kontroversen, Gegenwartsfragen. Herausgegeben für die Zentralwohlfahrtstelle der Juden in Deutschland, Frankfurt/Main.

Deutsch-Israelische Schulbuchkommission (Hg.) 2015: Deutsch-israelische Schulbuchempfehlungen, Göttingen.

Eco, Umberto 1993: Das Denken ist ständige Wachsamkeit. Interview in: Die Zeit vom 05.11.

Erf, Cornelius 1995: Mündigkeit gegen Rechtsextremismus – Schulische Prävention durch politische und historische Bildung, in: Wilfried Schubarth/Wolfgang Melzer (Hg.): Schule, Gewalt und Rechtsextremismus, 2. Aufl., Opladen, S. 213–229.

Gemeinsame Erklärung des Zentralrats der Juden in Deutschland und der Kultusministerkonferenz zur Vermittlung jüdischer Geschichte, Religion und Kultur in der Schule v. 06.12.2016.

Heitzer, Enrico/Jander, Martin/Kahane, Anetta/Poutrus, Patrice G. (Hg.) 2018: Nach Auschwitz: Schwieriges Erbe DDR. Plädoyer für einen Paradigmenwechsel in der DDR-Zeitgeschichtsforschung, Schwalbach/Ts.

Hensel, Jana 2018: Opa war kein Held, in: Zeit Online, 03. März.

Hessisches Kultusministerium 2018: E-Mail an die Verf. v. 08. Juni.

Hessisches Kultusministerium/Der Minister 2018: Erlass „Antisemitismus in der Schule“ v. 23. Mai.

Himmelmann, Gerhard 2006: Leitbild Demokratieerziehung. Vorläufer, Begleitstudien und internationale Ansätze zum Demokratie-Lernen. Festschrift, herausgegeben und eingeleitet von Dirk Lange und Detlef Eichner, Schwalbach/Ts.

Jaschke, Hans-Gerd 2012: Zur Rolle der Schule bei der Bekämpfung von Rechtsextremismus, in: Aus Politik und Zeitgeschichte. Beilage zur Wochenzeitung Das Parlament. H. 18/19, S. 33–39.

jlo/lov 2018: Berlin führt Meldepflicht für Antisemitismus an Schulen ein, in: Spiegel Online v. 14.09.

Kaletsch, Christa/Altenburg van Dieken, Marion 2014: Klassenrat – Basis für Kinderrechte und Demokratie an der Schule, in: Edelstein, Wolfgang/Krappmann, Lothar/Student, Sonja (Hg.): Kinderrechte in der Schule. Gleichheit, Schutz, Förderung, Partizipation, Schwalbach/Ts., S. 118–130.

KIgA/Kreuzberger Initiative gegen Antisemitismus 2013: Widerspruchstoleranz. Ein Theorie-Praxis-Handbuch zu Antisemitismuskritik und Bildungsarbeit, Berlin.

KIgA/Kreuzberger Initiative gegen Antisemitismus 2017: Widerspruchstoleranz 2. Ein Methodenhandbuch zu antisemitismuskritischer Bildungsarbeit, Berlin.

Kirschnick, Sylke 2000: Rechtsextremismus an Schulen: Was tun? – Anregungen und Argumente für Lehrer/innen, in: Butterwegge, Christoph/Lohmann, Georg (Hg.): Jugend, Rechtsextremismus und Gewalt. Analysen und Argumente, Opladen, S. 131–148.

Kizel, Arie 2008: Subservient History. A Critical Analysis of History Curricula and Textbooks in Israel 1948–2006, Tel Aviv.

Kloke, Martin 2017: Tatsachen und Legenden: Juden, Judentum und Israel in deutschen Schulbüchern, in: Nun gehe hin und lerne. Themenheft 2017 des Deutschen Koordinierungsrates der Gesellschaften für Christlich-Jüdische Zusammenarbeit, Bad Nauheim, S. 43–46.

KMK/Kultusministerkonferenz 2016: Erinnern für die Zukunft Empfehlungen zur Erinnerungskultur als Gegenstand historisch-politischer Bildung in der Schule (Beschluss der KMK vom 11.12.2014).

Kößler, Gottfried 2006: Antisemitismus als Thema im schulischen Kontext, in: Fechler, Bernd/Kößler, Gottfried/Messerschmidt, Astrid/Schäuble, Barbara (Hg.): Neue Judenfeindschaft? Perspektiven für den pädagogischen Umgang mit dem globalisierten Antisemitismus, hrsg. im Auftrag des Fritz Bauer Instituts und der Jugendbegegnungsstätte Anne Frank, Frankfurt a. Main/New York, S. 172–186.

Kurth, Alexandra/Salzborn, Samuel 2017: Rechtsextremismus im Fokus von Politikwissenschaft und Politischer Bildung, in: Oberle, Monika/Weißeno, Georg (Hg.): Politikwissenschaft und Politikdidaktik. Theorie und Empirie, Wiesbaden, S. 183–197.

Landesinstitut für Lehrerbildung und Schulentwicklung Hamburg 2019: Schreiben an die Verf. v. 27. März.

Ministerium für Kultus, Jugend und Sport Baden-Württemberg 2018: E-Mail an die Verf. v. 04. Juni.

Ministerium für Bildung, Jugend und Sport Brandenburg 2018: Schreiben an die Verf. v. 08. Juni.

Ministerium für Bildung, Wissenschaft und Kultur Mecklenburg-Vorpommern 2018: E-Mail an die Verf. v. 25. Juni.

Ministerium für Schule und Bildung des Landes Nordrhein-Westfalen 2018: Schreiben an die Verf. v. 15. Juni.

Ministerium für Bildung Rheinland-Pfalz 2018: E-Mail an die Verf. v. 14. Juni.

Ministerium für Bildung und Kultur Saarland 2018: E-Mail an die Verf. v. 15. Juni.

Ministerium für Bildung des Landes Sachsen-Anhalt 2018: E-Mail an die Verf. v. 15. Juni.

Ministerium für Bildung, Wissenschaft und Kultur des Landes Schleswig-Holstein 2018: E-Mail an die Verf. v. 20. Juni.

Nägel, Verena/Kahle, Lena 2018: Die universitäre Lehre über den Holocaust in Deutschland, Berlin.

Niedersächsisches Kultusministerium 2018a: E-Mail an die Verf. vom 18. Juni.

Niedersächsisches Kultusministerium 2018b: E-Mail an die Verf. vom 26. Juni.

Postone, Moishe 1982: Die Logik des Antisemitismus, in: Merkur. Deutsche Zeitschrift für europäisches Denken, H. 1, S. 13–25.

Rensmann, Lars 2004: Demokratie und Judenbild. Antisemitismus in der politischen Kultur der Bundesrepublik Deutschland, Wiesbaden.

Rensmann, Jörg 2018: Dringend reformbedürftig: das Israelbild in 158 deutschen Schulbüchern, in: Julia Bernstein (Hg.): „Mach mal keine Judenaktion!“: Herausforderungen und Lösungsansätze in der professionellen Bildungsund Sozialarbeit gegen Antisemitismus, Frankfurt/Main., S. 158–161.

Sächsisches Staatsministerium für Kultus 2018: E-Mail an die Verf. v. 25. Mai.

Salzborn, Samuel 2010: Antisemitismus als negative Leitidee der Moderne. Sozialwissenschaftliche Theorien im Vergleich, Frankfurt a. Main/New York.

Salzborn, Samuel 2014: Die Genese des Antisemitismus in Europa, in: Ders.: Antisemitismus. Geschichte, Theorie, Empirie, Baden-Baden, S. 11–23.

Salzborn, Samuel 2018a: Globaler Antisemitismus. Eine Spurensuche in den Abgründen der Moderne. Mit einem Vorwort von Josef Schuster, Weinheim.

Salzborn, Samuel 2018b: Herausforderungen für eine Berliner Landeskonzeption gegen Antisemitismus. Input zur Konsultationskonferenz der Landesstelle für Gleichbehandlung – gegen Diskriminierung/Abteilung Antidiskriminierung der Senatsverwaltung für Justiz, Verbraucherschutz und Antidiskriminierung am 31. Oktober 2018 (Ms.), Berlin.

Sander, Wolfgang 2005: Theorie der politischen Bildung: Geschichte – didaktische Konzeptionen – aktuelle Tendenzen und Probleme, in: Ders. (Hg.): Handbuch politische Bildung, 3. völlig überarb. Aufl., Schwalbach/Ts., S. 13–47.

Schäuble, Barbara 2012: „Über“, „aus“, „gegen“ oder „wegen“ Antisemitismus lernen? Begründungen, Themen und Formen politischer Bildungsarbeit in der Auseinandersetzung mit Antisemitismus, in: Richard Gebhardt/Anne Klein/Marcus Meier unter Mitarbeit von Dominik Clemens (Hg.): Antisemitismus in der Einwanderungsgesellschaft. Beiträge zur kritischen Bildungsarbeit, Weinheim, S. 174–191.

Schäuble, Barbara 2013: Was haben wir damit zu tun? Zum pädagogischen Umgang mit Antisemitismus, in: KIgA: Widerspruchstoleranz. Ein Theorie-Praxis-Handbuch zu Antisemitismuskritik und Bildungsarbeit, Berlin, S. 10–14.

Schäuble, Barbara/Scherr, Albert 2006: „Ich habe nichts gegen Juden, aber …“ Widersprüchliche und fragmentarische Formen von Antisemitismus in heterogenen Jugendszenen, in: Fechler, Bernd/Kößler, Gottfried/Messerschmidt, Astrid/Schäuble, Barbara (Hg.): Neue Judenfeindschaft? Perspektiven für den pädagogischen Umgang mit dem globalisierten Antisemitismus, hrsg. im Auftrag des Fritz Bauer Instituts und der Jugendbegegnungsstätte Anne Frank, Frankfurt a. Main/New York, S. 51–79.

Senatsverwaltung für Bildung, Jugend und Familie Berlin 2018: E-Mail an die Verf. v. 15. Juni.

Senat für Kinder und Bildung Freie Hansestadt Bremen 2018: E-Mail an die Verf. v. 05. September.

Sigel, Robert 2015: Schulische Bildung und ihre Bedeutung für die Gedenkstättenpädagogik, in: Gryglewski, Elke/Haug, Verena/Kößler, Gottfried/Lutz, Thomas/Schikorra, Christa (Hg.): Gedenkstättenpädagogik. Kontext, Theorie und Praxis der Bildungsarbeit zu NS-Verbrechen, Berlin, S. 44–55.

SPME/DIG Scholars for Peace in Middle East, Germany/Arbeitsgemeinschaften der Deutsch-Israelischen Gesellschaft Bremen, Hannover, Oldenburg und Ostfriesland (Hg.) 2015: Pädagogik des Ressentiments. Das Israelbild in deutschen Schulbüchern, Oldenburg.

Thüringer Ministerium für Bildung, Jugend und Sport 2018: E-Mail an die Verf. v. 14. September.

Unabhängiger Expertenkreis Antisemitismus 2017: Bericht, BT-Drs. 18/11970 v. 07. April.

Weinthal, Benjamin 2016a: German pro-BDS antisemitic teacher investigated by politician, in: Jerusalem Post v. 01.10.

Weinthal, Benjamin 2016b: Fire German teacher who glorifies Palestinian violence, say critics, in: Jerusalem Post v. 15.10.

ZWST/Kompetenzzentrum Prävention und Empowerment der Zentralwohlfahrtsstelle der Juden in Deutschland (Hg.) 2018: Antisemitismus an der Schule. Ein beständiges Problem?, Berlin.

Antisemitismus in seinen Ausprägungsformen und Stereotypen

Maria Kanitz und Laura Schlagheck

Wie bereits der vorangegangene Beitrag deutlich zeigt, ist die Auseinandersetzung mit Antisemitismus und Rassismus im Bildungskontext nicht nur eine schwierige, sondern auch eine facettenreiche. Für eine angemessene Diskussion ist es notwendig, die verschiedenen Ausprägungsformen zu kennen, um das Auftreten von Antisemitismus in seiner Gänze sichtbar machen und adäquat darauf reagieren zu können. Daher soll in diesem Beitrag auf die unterschiedlichen (historischen) Erscheinungsformen von Antisemitismus eingegangen werden. Nur so kann eine Sensibilisierung dafür geschaffen werden, dass Antisemitismus nach 1945 weder aus den Köpfen der Menschen noch aus der Mitte der Gesellschaft verschwunden ist. Der nachfolgende Beitrag bietet eine Grundlage für Kenntnisse über völkisch-rassistischen, sekundär-schuldabwehrenden, religiös-antijüdischen, antizionistisch-antiisraelischen und arabisch-islamischen Antisemitismus.

1 Ausprägungsformen von Antisemitismus

Der Begriff „Antisemitismus“ wurde 1879 von Wilhelm Marr in seiner Propagandaschrift „Der Sieg des Judenthums über das Germanenthum“ geprägt. Wie der Titel seines Werkes verlauten lässt, ging es ihm dabei nicht darum, auf die Diskriminierung und Marginalisierung von Jüdinnen und Juden hinzuweisen, sondern um einen bewussten und politischen Antisemitismus, der sich aktiv von der religiös geprägten bis dato dominanten Judenfeindschaft abgrenzte und „die Juden“[1] analog zu den sich seit dem 19. Jahrhundert verbrei-

1 Wenn im Folgenden von „den Juden“ die Rede ist, ist immer das antisemitische Bild gemeint, nicht eine tatsächlich existierende Gruppe von Jüdinnen und Juden. Wir benutzen sowohl im Plural als auch im Singular lediglich die männliche Form des Wortes, da Geschlechtsunterschiede im Antisemitismus zwar eine Rolle spiel(t)en, diese aber von einer großen Ambivalenz geprägt waren, da im Antisemitismus ein Jude immer für das Kollektiv, also „alle Juden“ steht. Wenn wir von realen jüdischen Menschen sprechen,

tenden rassistischen Theorien als Rasse konstruierte. Im Rahmen von Marrs Schriften und den Diskussionen um den Antisemitismusstreit zwischen 1879 und 1881 entstanden viele bildliche und sprachliche Versatzstücke, die später im Nationalsozialismus große Verwendung fanden und teilweise bis heute, oft auch unbewusst, Platz in der deutschen Sprache und Bilderwelt finden. Beispiele dafür sind die Symbolbilder von Juden als Parasiten, Ratten oder verschwörungsideologische Ideen von einem besonderen Einfluss vermeintlicher jüdischer Eliten. Zwar schließt der völkisch-rassistische Antisemitismus direkt an diesen neuen Antisemitismus an, allerdings muss auch festgestellt werden, dass es oft keine expliziten Grenzen zwischen den verschiedenen Formen von Antisemitismus gibt, die im Folgenden erläutert werden. Außerdem setzt sich ein antisemitisches Weltbild aus verschiedenen Deutungsmustern zusammen, die verschiedenen Ausprägungen von Antisemitismus zugeordnet werden können. Hier ist auf die Struktur von Antisemitismus zu verweisen, die allen Ausprägungsformen zugrunde liegt. Wir beziehen uns in dem vorliegenden Beitrag auf die von Samuel Salzborn identifizierten Artikulationsformen.

Völkisch-rassistischer Antisemitismus

Völkisch-rassistischer Antisemitismus spielt in Deutschland vor allem historisch eine große Rolle. Die Vernichtungspolitik des Nationalsozialismus konstruierte „Juden als Rasse", die es auszulöschen galt. Der rassistische Antisemitismus wurde dabei wissenschaftlich begründet, juristisch verankert und politisch in die Tat umgesetzt. Die Zustimmung der Bevölkerung war für all dies unbedingt erforderlich.

Aktuell ist diese Form des Antisemitismus in Gänze nur noch in extrem rechten Milieus zu finden, dennoch ist es wichtig, den Vernichtungsantisemitismus als ein Sachverhalt zu begreifen, der einerseits in seiner Form besonders ist, aber gleichzeitig an Entwicklungen im Kaiserreich und der Weimarer Republik anschloss und nach 1945 nicht spurlos aus den Köpfen der Menschen verschwunden ist. Tatsächlich finden sich weiterhin sprachliche Versatzstücke aus dem Nationalsozialismus, die auf Kontinuitäten hinweisen. Vorwiegend findet dies in extrem rechten Kreisen statt, in denen sich bewusst auf die NS-Sprache bezogen wird, aber auch im bürgerlichen und linken Milieu tauchen sie beispielsweise im Rahmen von Boykottaufrufen gegen Israel auf, die oft

benutzen wir jedoch beide Formen. Aufgrund der tradierten antisemitischen Zuschreibung von geschlechtlicher Ambivalenz (s. der verweiblichte Jude) wird von Jüdinnen und Juden gesprochen und nicht lediglich von Jüd*innen.

stark an die nationalsozialistische Parole „Deutsche, wehrt euch, kauft nicht bei Juden!“ erinnert (Schwarz-Friesel/Reinharz 2017: 75).

Religiös-antijüdischer Antisemitismus

Diese Artikulationsform kann auf eine lange christliche Tradition zurückgeführt werden und richtet sich vor allem an das Judentum als Religion. Dabei werden Menschen jüdischen Glaubens nicht nur bezichtigt, am Tod Christus schuld zu sein, weil sie ihn nicht als ihren Messias anerkannt haben, sondern auch für schlimme Katastrophen – wie die Pest – im Mittelalter verantwortlich gemacht oder der Hostienschändung und des Ritualmordes beschuldigt. Eine religiös begründete Judenfeindschaft spielt heute keine besonders große Rolle mehr. Allerdings hat sich der moderne Antisemitismus aus dem Antijudaismus, aber auch in Abgrenzung zu ihm, entwickelt. Das heißt, bestimmte antisemitische Bilder, Redewendungen und Deutungsmuster sind im Ursprung christlich begründet und lassen sich über Jahrhunderte zurückverfolgen. Teilweise findet sich in fundamentalistischen christlichen Milieus aber sehr wohl noch ein religiös geprägter Judenhass, ein Beispiel hierfür ist die traditionalistisch katholische Piusbruderschaft.

Sekundärer-schuldabwehrender Antisemitismus

Der sekundäre Antisemitismus spielt in Deutschland seit der Kapitulation 1945 und der folgenden Auseinandersetzung mit der Frage nach Schuld und Verantwortung für die nationalsozialistischen Verbrechen und den Mord an Millionen von jüdischen Menschen eine Rolle. „Die Deutschen werden den Juden Auschwitz nie verzeihen“, dieser weltberühmte Satz, der meist dem israelischen Arzt und Autor Zvi Rex zugeschrieben wird, beschreibt den Kern von sekundärem Antisemitismus. Denn in ihm geht es weniger um direkt geäußerte Einstellungen im Rahmen von völkisch-rassistischem Antisemitismus, sondern um einen Mechanismus der Erinnerungs- und Schuldabwehr. Nach dem II. Weltkrieg wurde der Antisemitismus tabuisiert, das bedeutet nicht, dass die ideologischen Weltbilder der NS-Zeit damit zerschlagen wurden. Es war nur nicht mehr salonfähig, darüber zu sprechen. Darüber hinaus galt der Schuldabwehrantisemitismus in den ersten Nachkriegsjahrzehnten vor allem als Vehikel, sich von Schuld am Holocaust frei zu sprechen, im Umkehrschluss dabei die Schuld an den „eigenen Kriegsverlusten“ auf die jüdische Bevölkerung zu übertragen. Typische Beispiele für sekundären Antisemitismus sind die immer wiederkehrende „Schlussstrichdebatte“, Relativierung des Holocausts durch Vergleiche mit aktuellen oder anderen historischen Ereignissen (vor allem auch in Bezug auf Israel, s. israelbezogener Antisemitismus) oder die Behauptung Juden und Jüdinnen würden von der Erinnerung an den Holocaust profitieren. In extrem rechten und neonazistischen Spektren wird darüber hinaus der Holocaust geleugnet, während in linken Milieus Israel unter der Devise, „die Juden täten dasselbe mit den Palästinenser*innen, was die Nazis mit ihnen gemacht haben“, dämonisiert wird. Diese Aussagen gehen sogar so weit, dass laut einer Studie von Monika Schwarz-Friesel und Jehuda Reinharz im Jahr 2003 65 Prozent der Befragten in Deutschland „Israel als die größte Gefahr für den Weltfrieden sehen“ (Schwarz-Friesel/Reinharz 2013: 194). Im Rahmen dieses Prozesses findet eine Täter-Opfer-Umkehr statt, die zur Entlastung in Bezug auf Schuld und Verantwortung der Deutschen beiträgt, indem Juden und Jüdinnen zum Beispiel für ihre Verfolgung selbst verantwortlich gemacht werden.

Auch wenn der sekundäre Antisemitismus augenscheinlich ohne bestimmte Bilder von „dem Juden“ auskommt, kann er sich dennoch auf Deutungsmuster des traditionellen Antisemitismus berufen oder durch sie angereichert sein. Eine Rolle spielt dabei beispielsweise das Bild des „profitgierigen Juden“, der „aus dem Holocaust ein Geschäft macht“.

Israelbezogener Antisemitismus

Diese Artikulationsform bezieht sich primär auf den Staat Israel und seine Nicht-Anerkennung beziehungsweise das Absprechen des Existenzrechts der einzigen Demokratie im Nahen Osten. Ähnlich wie der sekundäre Antisemitismus ist israelbezogener Antisemitismus eine Variation des Antisemitismus, die im Laufe der zweiten Hälfte des 20. Jahrhunderts entstanden ist. Da mit dem Ende des zweiten Weltkriegs und der Kapitulation Deutschlands eine Tabuisierung von manifestem Antisemitismus einherging, aber antisemitische Erklärungsmuster nicht von einem Tag auf den anderen aus den Köpfen der Menschen verschwanden, bot die Gründung des Staates Israel ein geeignetes Objekt für die Übertragung antisemitischer Neigungen und Erklärungsstrategien.

Israelbezogener Antisemitismus identifiziert Israel unbewusst oder bewusst als jüdisches Kollektiv und wendet dieselben antisemitischen Deutungsmuster an wie auf das abstrakte jüdische Kollektiv, das im modernen Antisemitismus heraufbeschworen wird.[2] Der israelbezogene Antisemitismus zeigt

2 Hierbei ist wichtig zu berücksichtigen, dass nicht alle Jüdinnen und Juden Israelis sind und nicht alle Israelis zwangsläufig jüdisch. Zur besseren Lesbarkeit wird diese Unterscheidung aber nicht an jeder weiteren Stelle vorgenommen.

sich oft in enger Verbindung mit sekundären Schuldabwehrmechanismen indem durch Vergleiche des israelischen Staates mit dem NS-Regime eine Täter-Opfer-Umkehr vollzogen wird, die zur eigenen Entlastung beiträgt. In Bezug auf sogenannte Israelkritik, deren Bezeichnung schon recht aussagekräftig ist, denn welcher Staat hat schon sonst seinen eigenen „-kritik"-Begriff, hat Natan Sharanksy einen Test entwickelt, um tatsächliche Kritik am Staat Israels von israelbezogenem Antisemitismus zu unterscheiden: Der 3D-Test sieht vor, dass die infrage stehende Äußerung auf drei Fragen hin geprüft wird:

1. Findet eine Dämonisierung Israels statt?
   Ein klassisches Beispiel für eine Dämonisierung Israels wäre der erwähnte NS-Vergleich. Analog zu den erläuterten antisemitischen Strukturen geht es also darum, zu identifizieren, ob Israel als jüdisches Kollektiv als böse bzw. als das absolut Böse charakterisiert wird.

2. Werden in Bezug auf Israel Doppelstandards angewendet?
   Ein Merkmal von Antisemitismus ist es darüber hinaus, dass das Verhalten jüdischer Menschen anders beurteilt wird als das der Mehrheitsgesellschaft. Wird staatliches Agieren Israels anders bewertet als das anderer Staaten, so handelt es sich also um israelbezogenen Antisemitismus. Ein Beispiel hierfür ist die Unverhältnismäßigkeit von UN-Resolutionen, die Israel für Menschenrechtsverletzungen anklagen, denn seit der Einführung der UN-Resolutionen 2006 wurde Israel fast so häufig ermahnt wie alle anderen Staaten zusammen.[3]

3. Findet eine Delegitimierung Israels statt?
   In einer Tradition mit der ständigen Verurteilung jüdischer Minderheiten in den europäischen Nationalstaaten steht die Frage nach der Legitimität Israels. So sieht sich kaum ein anderer Staat auf der Welt in der Form mit dem Absprechen seiner bloßen Existenz konfrontiert. In zugespitzter Form findet sich dieses Phänomen unter anderem in der Verurteilung von Zionismus bzw. dem schiefen Vergleich von Zionismus und Rassismus. So ist Zionismus erstmal die Überzeugung, dass es einen jüdischen Nationalstaat geben sollte. Hier werden oft Argumente laut, dass andere Nationalstaaten sich nicht anhand von Religion bilden. Hierzu lassen sich zwei Gegenargumente nennen,

3 Wikipedia 2019: Liste der UN-Resolutionen. Online unter: https://de.wikipedia.org/wiki/Liste_der_UN-Resolutionen [Abruf: 16.10.2019].

zum einen, dass die europäischen Nationalstaaten zum größten Teil explizit christlich geprägt sind und Religionsfreiheit gewährleisten (was in Israel ebenso der Fall ist), zum anderen aber dennoch strukturell zu der Marginalisierung von Angehörigen anderer Religionen beitragen.

Arabisch-islamischer Antisemitismus

Das Phänomen des arabischen-islamischen Antisemitismus sorgt in letzter Zeit für viel Gesprächsstoff in der deutschen Gesellschaft, dabei findet oft keine differenzierte Auseinandersetzung mit dem Begriff statt. Auch hier ist zwischen verschiedenen Ausprägungsformen zu unterscheiden. Die Spielarten des arabisch-islamischen Antisemitismus unterscheiden sich in ihrer Struktur nicht substanziell vom in Deutschland und Europa historisch gewachsenen modernen Antisemitismus. Er ist angereichert mit denselben antisemitischen Motiven über „die Juden" als mächtige Kräfte im Hintergrund, die verantwortlich sind für alles Unglück dieser Welt. Gleichzeitig ist der Antisemitismus verankert in den jeweiligen gesellschaftlichen Verhältnissen, sodass die spezifischen Ausprägungsformen mit der Geschichte, der Kultur und auch der Religion der jeweiligen Gesellschaften variieren. In einigen arabischen Ländern gilt die Vernichtung Israels als Staatsräson. Zum Beispiel im Iran. Dementsprechend sind die Erklärungs- und Deutungsangebote, auf welche die Menschen zurückgreifen, geprägt. Aber der Wunsch zur Vernichtung des Staates Israel ist nicht das einzige Charakteristikum des arabisch-islamischen Antisemitismus. Eine Rolle spielen dabei der traditionell religiös geprägte Antijudaismus, die weit zurückreichende jüdische Geschichte, auch geprägt von Ausgrenzung und Verfolgung in verschiedenen arabischen Regionen, sowie neue politische und ideologische Entwicklungen seit der Staatsgründung Israels 1948. Er spiegelt sich dabei beispielsweise in Aussagen wieder, dass Israel den Palästinser*innen gewaltsam das Land weggenommen und somit Palästina besetzt hätte. Dabei wird allerdings nicht erwähnt, dass nach dem II. Weltkrieg Ländereien auf dem britischen Mandatsgebiet Palästina legal erworben wurden, um somit jüdische Menschen aus aller Welt dort ansiedeln zu können.

Wenn aber muslimisch und/oder arabisch geprägter Antisemitismus in Deutschland auftritt, muss man diesen auch auf den spezifischen Kontext hin untersuchen. So sind viele Menschen mit antisemitischer Weltanschauung, um die es hier geht, in Deutschland sozialisiert oder leben seit vielen Jahren in Deutschland. Das Phänomen ist also nicht bloß auf die Herkunftsreligion oder Kultur der Antisemit*innen zurückzuführen, sondern hängt unweigerlich auch mit der deutschen Gesellschaft und ihrem Umgang mit Antisemitismus zusammen (Salzborn 2018).

Antisemitismus im politischen Spektrum

Antisemitismus gibt es, wie bereits erwähnt, in allen sozialen Verhältnissen. Dabei unterscheiden sich die Modulationen oft, aber nicht immer. Auch unter dem häufig verwendeten Begriff „legitime Israelkritik“ finden sich antisemitische Positionen in der gesamten Gesellschaft: In linken Milieus geht Antisemitismus dabei meist mit antiimperialistischen Einstellungen einher, die in Israel den imperialistischen Unterdrücker par excellence sehen. Dies mündet häufig in Infragestellungen des Existenzrechts Israels, teilweise auch verbunden mit Verharmlosung des Holocausts und historisch schiefen Vergleichen wie der Gleichsetzung mit dem südafrikanischen Apartheidregime.[4]

2 Antisemitische Stereotype

Wie im vorangehenden Beitrag erläutert, liegt allen Formen von Antisemitismus ein System von mentalen Repräsentationen in Form von Ausdrücken, Bildern und Überzeugungen über „die Juden“ zugrunde, die über Generationen weitergegeben, verfestigt und weiterentwickelt werden. Einige dieser Stereotype sollen hier kurz erwähnt sein, um ihre Identifikation in den Unterrichtsmaterialien oder in Gesprächen mit Schüler*innen zu erleichtern:

Der Ewige Jude

Das Bild des „Ewigen Juden“ stammt aus einer christlichen Legende, in der ein jüdischer Mann namens Ahasver von Jesus verdammt wird, auf ewig in Rastlosigkeit durch die Welt zu wandern, weil er ihm auf dem Weg zu seiner Kreuzigung keine Rast vor seinem Haus gewährte. Im Laufe der Jahrhunderte nimmt die Legende immer stärker antisemitische Züge an und wird mitunter auf das gesamte jüdische Volk übertragen, das durch die Ablehnung Jesus als Messias selbst zur ewigen Wanderung verdammt sei. Besonders ab dem 19. Jahrhundert wird Heimatlosigkeit zum Wesensmerkmal „des Juden“ stilisiert

4 Aufgrund einer vermeintlichen Unterdrückung bzw. Entrechtung der arabisch-palästinensischen Bevölkerung durch die Israelis wird davon gesprochen, dass Israel eine Apartheidregime sei wie es einst Südafrika war.

und damit die vermeintliche Fremdheit und Desintegration untermauert. Das Motiv des Ewigen Juden wird in verschiedenen Filmen und Erzählungen aufgegriffen. Das bekannteste ist wohl der gleichnamige NS-Propaganda Film aus dem Jahr 1940, der vor allem darauf angelegt war, Ekel und Grauen bei der nicht-jüdischen Bevölkerung anzuregen und mögliche Vorbehalte gegenüber der Massenermordung von Juden und Jüdinnen zu beseitigen.

Der Jude als Christus- und Gottesmörder

Ein historisches Narrativ ist das der Kollektivschuld von Jüdinnen und Juden am Tod Jesu. Schon seit dem 2. Jahrhundert n. Chr. wird damit die Diskriminierung und Verfolgung jüdischer Menschen legitimiert. Trotz offizieller Distanzierung beispielsweise durch die katholische Kirche beim vatikanischen Konzil 1965 besteht die Gottesmordlehre vor allem in fundamentalistischen Kreisen teilweise weiterhin.

Dämonisierung von Jüdinnen und Juden

Auch eine Identifikation von Jüdinnen und Juden mit dem Teufel oder dem Antichristen ist verankert in der christlichen Judenfeindschaft. Jüdinnen und Juden werden als das absolut Böse charakterisiert, die einen Bund mit dem Teufel eingegangen sind. Ehemals religiös begründet ist das Bild der Jüdinnen und Juden als das Böse tief verankert in der fortbestehenden antisemitischen Tradition und findet sich unter anderem in der Dämonisierung Israels (s. israelbezogener Antisemitismus). Eng mit der Inhaftnahme von Juden und Jüdinnen hängen die Legenden von Ritual- und Kindermord zusammen.

Ritual- und Kindermord

Der Vorwurf des Ritual- bzw. Kindesmordes spielte ab dem 12. Jahrhundert in Europa eine tragende Rolle in der Stigmatisierung und Verfolgung der jüdischen Bevölkerung vor allem in England, Frankreich, Spanien und Deutschland. Ihr Kern besteht dabei in der Legende, dass Juden und Jüdinnen für bestimmte religiöse Rituale das Blut christlicher Kinder bräuchten, die sie zu diesem Zweck entführen und ermorden würden. Das Motiv des Ritual- und Kindermordes findet sich auch heute noch, vor allem in Bezug auf Israel, so findet man oft „Kindermörder-Israel“-Ausrufe auf antisemitischen Demonstrationen und Versammlungen. In diesem Zusammenhang ist auch der sogenannte Vorwurf des Hostienfrevels zu nennen, bei dem Jüdinnen und Juden der Entwendung und Entweihung von Hostien beschuldigt werden, die im Katholizismus als Sakrileg behandelt werden.

Darstellungen von Jüdinnen und Juden als Tiere

Auch die Darstellung von Jüdinnen und Juden als Tiere, der sogenannte Zoomorphismus, hat eine lange Tradition, die über die mittelalterliche „Judensau" sowie Parasiten- und Rattenassoziationen immer die Entmenschlichung von Jüdinnen und Juden zum Ziel hat. Dabei greifen die Bilder weit zurück und haben ihre Bedeutung mitunter über die Zeit gewandelt. Neben den genannten sind die Darstellung von Jüdinnen und Juden als Kraken, die die Welt beherrschen, oder als Vampire auch weiterhin sehr verbreitet und finden sich sowohl in arabischen als auch immer wieder in westlichen Karikaturen wieder. Die Bilder untermauern dabei häufig die hier bisher aufgeführten Unterstellungen, Mythen und Stereotype. So ist der Kraken ein Symbol für die jüdische Weltherrschaft, das Bild von Parasiten und Vampiren weckt hingegen Assoziationen zur Ritual- und Kindermordlegende. Die Funktion ist allerdings immer die Entmenschlichung und Dämonisierung.

Die jüdische Weltherrschaft/Verschwörungsideologien

Die Verschwörungsideologie der jüdischen Weltherrschaft dient als der Inbegriff des wahnhaften Antisemitismus, da sie eine kleine Gruppe von Jüdinnen und Juden imaginiert, die hinter den Vorhängen das gesamte gesellschaftliche Geschehen lenkt. Die Legende jüdischer Geheimorganisationen und Weltverschwörung geht zurück bis in das 13. Jahrhundert und wurde über die Zeit und in den jeweiligen Gesellschaften und politischen Regimen immer wieder aktualisiert und an die jeweils aktuellen Gegebenheiten angepasst. Einen Aufschwung erhielt die Theorie der jüdischen Weltverschwörung durch das 1903 erstmalig in Russland erschienene Pamphlet „Die Protokolle der Weisen von Zion". Angebliche Originaldokumente von Sitzungen einer jüdischen Geheimorganisation, eben der Weisen von Zion, bieten die Grundlage dieser Fälschung, die auch heute noch, vorwiegend im arabischen Raum, als Beweismittel für die geheimen Machenschaften der reichen und mächtigen jüdischen Verschwörer*innen herangezogen wird . Die „Protokolle der Weisen von Zion" sind dabei unterfüttert von zahlreichen Stereotypen und Klischees und angereichert mit neuen Bildern, die schnell ihren Weg in den antisemitischen Fundus fanden und auf die auch heute noch zurückgegriffen wird. In Bezug auf Verschwörungsideologien lässt sich darüber hinaus sagen, dass zumindest eine strukturelle Nähe zu antisemitischen Deutungsmustern festzustellen ist, da sich hinter fast jeder dieser Ideologien ein fiktives Kollektiv verbirgt, das aus Eigeninteresse, Machterhalt oder -erweiterung das Weltgeschehen lenkt. Die Frage, inwieweit die meisten Verschwörungsideologien ein antisemitisches Moment beinhalten, verdient also sicherlich ein weiteres Nachdenken (siehe auch der Beitrag von Annica Peter zu Verschwörungsideologien in diesem Band).

Jüdinnen und Juden als Fremde

Antisemitismus geht immer mit der Konstruktion von Differenz einher, die sich besonders in dem Bild von Jüdinnen und Juden als die Fremden zeigt, das auch heute noch besonders verbreitet ist. Dabei wird Jüdisch-sein oft bewusst oder unbewusst mit Deutschsein kontrastiert, sodass jüdische Menschen gleich als nicht-deutsch und somit als fremd markiert werden. Dies geht auch oft einher mit der Gleichsetzung von Israelis und Jüd*innen, ohne miteinzubeziehen, dass einerseits nicht alle Israelis jüdisch sind und andererseits natürlich nicht alle Jüdinnen und Juden eine israelische Staatsbürgerschaft haben. Die Ursprünge des Bildes „des Juden“ als Fremden ist dabei vor allem in der Wende von Antijudaismus zum Antisemitismus zu verorten, indem Jüdinnen und Juden als „niedere Rasse“ „den Deutschen“ gegenübergestellt wurden, die die deutsche Gesellschaft zersetzen würden, eine Darstellung die beispielsweise vom NS-Propagandablatt „Der Stürmer“ auf die Spitze getrieben wurde und langfristig dazu beigetragen hat, dass jüdische Menschen in Deutschland immer noch als anders und fremd markiert werden.

Jüdinnen und Juden und die Gleichsetzung mit Geld

Das Bild des „geschäftstüchtigen Juden“, des „Wucherers“ oder „dekadenten Juden“ ist ein zentraler Bestandteil von Antisemitismus. So glauben weiterhin viele Menschen, dass jüdische Menschen besonders reich und einflussreich seien, was stark mit der Idee einer jüdischen Weltverschwörung zusammenhängt. Oft wird das Vorurteil durch die restriktiven Gesetze des Mittelalters erklärt, die es jüdischen Menschen verbot, in den meisten Berufen tätig zu werden und sie so auf die Rolle als Kaufleute oder Geldleiher beschränkte. Dabei hat die Gleichsetzung von Jüdinnen und Juden mit Geld eine Reihe an Funktionen. Nach wie vor spiegelt sich dies häufig in einer verkürzten Kapitalismuskritik wieder, in der eine jüdische Finanzelite imaginiert wird, welche die einfachen Arbeiter*innen ausbeutet um sich selbst zu bereichern und in der

Konsequenz ihren Einfluss in der Welt ausbaut. Hierbei wird nicht das kapitalistische System kritisiert, sondern seine negativen Aspekte mit „dem Juden“ identifiziert, sodass die eigene Lebensrealität nicht hinterfragt werden muss.

3 Zusammenfassung

Zusammenfassend lässt sich sagen, dass Antisemitismus in verschiedenen Ausprägungsformen existiert, die sich in ihrer Artikulation aber jeweils aus dem gegenwärtigen gesellschaftlichen Fundus an Bildern, Stereotypen und Deutungsmustern bedienen und deren Struktur im Ansatz immer dieselbe ist. Antisemitismus in all seinen Formen markiert „die Juden“ oder die an ihrer statt eingesetzten Platzhalter (Israel, Finanzelite etc.) immer als anders, fremd von der Mehrheitsgesellschaft und funktioniert auf einer kognitiven Ebene als Erklärungsansatz bis hin zum geschlossenen Weltbild, in dem „die Juden“ als homogenes Kollektiv für alles Schlechte verantwortlich gemacht werden können und so ein simpler Erklärungsansatz für komplexe Zusammenhänge vorhanden ist. Verbunden ist dies mit einer emotionalen Komponente, in der negative Affekte wie Wut und Hass auf den imaginierten Juden projiziert werden, sodass Antisemitismus zugleich Weltanschauung und Leidenschaft ist.

Die Ausführungen könnten in verschiedene Richtungen erweitert werden: So liegen den Beispielen Traditionen zu Grunde die sich Jahrhunderte zurückverfolgen lassen. Die Ausprägungsformen unterscheiden sich von Milieu zu Milieu, von Nationalstaat zu Nationalstaat und von Generation zu Generation. Dennoch lassen sie sich im Hinblick auf ihre Funktion begreifen: Sie alle geben simple Antworten auf Fragen, die nicht durch simple Antworten zu beantworten sind. Gleichzeitig bieten sie ein Objekt, auf das sich die Hilflosigkeit im Umgang mit der Komplexität und Widersprüchlichkeit in Form von Wut, Hass und Ekel übertragen lassen. Es ist dabei zentral zu verstehen, dass Antisemitismus ein von Widersprüchlichkeit geprägtes Verhältnis zur Welt darstellt, welches sich in Einstellung und Emotion, in Sprache und in Affekt äußert und das durch seine historische und soziale Verankerung in der deutschen Gesellschaft besonders hartnäckig ist. Deshalb braucht es eine besondere Sensibilität, welche Antisemitismus erkennt und sich schon seiner Tendenz entgegenstellt. Die Schule bietet einen idealen Raum dafür, da sich Schüler*innen hier mit unterschiedlichsten Themen auseinandersetzen in denen antisemitische Deutungsmuster eine Rolle spielen. Das Erkennen dieser Deutungsmuster stellt sicherlich schon einen ersten Schritt in der Prävention und Zurückdrängung von Antisemitismus dar.

Das Anliegen dieses Beitrags war, einen Begriff von Antisemitismus zu formulieren und seine Ausprägungsformen aufzuzeigen. Dabei ging es vor allem darum, die Struktur von Antisemitismus nachvollziehbar zu machen und dadurch ein tieferes Verständnis von Antisemitismus zu ermöglichen. Dies ist zentral, um Antisemitismus erkennen und ihm in der pädagogischen Praxis effektiv entgegenwirken zu können. Denn gerade junge Menschen sind noch offen für alternative Deutungsmuster und können lernen, antisemitische Strukturen zu erkennen und sich aktiv gegen sie zu stellen, sodass die Rolle von Lehrer*innen nicht überschätzt werden kann.

Literatur

Améry, Jean (2005): „Der neue Antisemitismus", in: Heidelberger-Leonard, Irene und Stephan Steiner (Hg.): Werke, Bd. 7: Aufsätze zur Politik und Zeitgeschichte, Stuttgart: Klett-Cotta.

AStA, Universität München (2004): Spiel ohne Grenzen: Zu- und Gegenstand der Antiglobalisierungsbewegung : SPOG TM, Verbrecher Verlag.

Benz, Wolfgang/Mihok, Brigitte (2012): Organisationen, Institutionen, Bewegungen, Handbuch des Antisemitismus. Judenfeindschaft in Geschichte und Gegenwart 5, Walter de Gruyter.

Broder, Henryk M. (1986): Der ewige Antisemit: über Sinn und Funktion eines beständigen Gefühls Frankfurt/Main: Fischer-Taschenbuch-Verl.

Buttaroni, Susanna und Stanisław Musiał (2003): Ritualmord: Legenden in der europäischen Geschichte, Böhlau Verlag Wien.

Prinz, Claudia (2014): „Wilhelm Marr 1819-1904", online unter: https:// www.dhm.de/lemo/biografie/wilhelm-marr (Abruf: 16.10.2019). Feuerherdt, Alex u. a. (2018): Vereinte Nationen gegen Israel: Wie die UNO den jüdischen Staat delegitimiert, 1. Aufl., Berlin: Hentrich und Hentrich Verlag Berlin.

Grimm, Marc und Kahmann, Bodo (2018): Antisemitismus im 21. Jahrhundert: Virulenz einer alten Feindschaft in Zeiten von Islamismus und Terror, Walter de Gruyter GmbH & Co KG.

Heni, Clemens (2013): Antisemitism: a specific phenomenon : Holocaust trivialization –Islamism – Post-colonial and Cosmopolitan anti-Zionism/Heni, Clemens, BV039711502 Studien zum Antisemitismus 3, Berlin: EdCritic.

Holz, Klaus (2000): „Die Figur des Dritten in der nationalen Ordnung der Welt", Soziale Systeme 6/2, S. 269–290.

Jaspal, Rusi (2013): „Anti-Semitism and anti-Zionism in Iran", Israel Affairs 19/2, S. 231–258.

Keilen, Verena (2015): „Der Film ‚Der ewige Jude'", online unter: https://www.dhm.de/lemo/kapitel/der-zweite-weltkrieg/kunst-und-kultur/film-der-ewige-jude.html [Abruf: 16.10.2019].

Klemperer, Victor (2015): LTI: Notizbuch eines Philologen, Reclam Verlag.

Kucharz, Monika (2017): Das antisemitische Stereotyp der „jüdischen Physiognomie": Seine Entwicklung in Kunst und Karikatur, LIT Verlag Münster.

Loewenberg, Peter (1992): „Die Psychodynamik des Antijudaismus in historischer Perspektive", Psyche 46/12, S. 1095–1121.

Rohrbacher, S./Schmidt, M. (1991): Judenbilder. Kulturgeschichte antijüdischer Mythen und antisemitischer Vorurteile, Rowohlt.

Salzborn, Samuel (2014): Antisemitismus: Geschichte, Theorie, Empirie, Nomos.

Salzborn, Samuel (2018): Globaler Antisemitismus: Eine Spurensuche in den Abgründen der Moderne. Mit einem Vorwort von Josef Schuster, Weinheim: Beltz Juventa.

Schwarz-Friesel, Monika/Reinharz, Jehuda (2017): Die Sprache der Judenfeindschaft im 21. Jahrhundert, Berlin, Boston: De Gruyter

Sharansky, Natan (2004): „3D Test of Anti-Semitism: Demonization, Double Standards, Delegitimization", Jewish Political Studies Review 16/3–4, online unter: http://jcpa.org/phas/phas-sharansky-s05.htm (Abruf: 16.10.2019).

Volkov, Shulamit (2000): Antisemitismus als kultureller Code: zehn Essays, C.H. Beck.

Waibl-Stockner, Jasmin (2009): „Die Juden sind unser Unglück": antisemitische Verschwörungstheorien und ihre Verankerung in Politik und Gesellschaft, LIT Verlag Münster.

Wikipedia 2019: Liste der UN-Resolutionen, online unter: https://de.wikipedia.org/wikiiliste der FN-Resolutionen [Abruf: 16.10.2019].

Wahn und Vorurteil: Warum zwischen Antisemitismus und Rassismus unterscheiden?

Maria Kanitz und Laura Schlagheck

Antisemitismus – immer häufiger hören wir dieses Wort im Zusammenhang mit Übergriffen im öffentlichen Raum oder Äußerungen durch Rapper*innen, Politiker*innen, Schriftsteller*innen. Meist folgt darauf eine gesamtgesellschaftliche Diskussion, in der die Frage im Vordergrund steht, ob es sich bei der Aussage nun um Antisemitismus handle, ob die Täter*innen, die eine Jüdin oder einen Juden auf der Straße tätlich angegriffen haben, Antisemit*innen seien oder ob Antisemitismus ganz allgemein ein Problem in Deutschland sei. Dabei bleibt meist unklar, was mit dem Begriff Antisemitismus eigentlich gemeint ist, sodass auf die gestellten Fragen oftmals keine Antwort gefunden werden kann.

Auch Antisemitismus in der Schule ist ein Thema, das uns immer wieder begegnet, weil jüdische Schüler*innen aufgrund antisemitischer Übergriffe (meist als Mobbing bezeichnet) die Schule wechseln müssen, weil „du Jude" als Schimpfwort auf dem Schulhof Konjunktur hat und bislang die Instrumentarien zu fehlen scheinen, mit denen Antisemitismus in diesem Zusammenhang erkannt und bekämpft werden kann.

Sowohl in der gegenwärtigen Forschung als auch in der pädagogischen Arbeit fehlt eine zugängliche und konsensfähige Definition von Antisemitismus, die zu seiner Prävention dringend nötig ist. So gibt es eine Vielzahl an theoretischen Erklärungsansätzen, die in der empirischen Forschung kaum Anwendung finden.

In der politischen Praxis wiederum findet häufig eine Subsumierung unter dem Rassismusbegriff oder eine Auslagerung des Phänomens[1] in rechtsextreme Milieus statt. Aber nur, wenn wir ein Verständnis davon entwickeln, wo-

---

1 Der Begriff „Phänomen" für Antisemitismus als auch Rassismus wird sowohl von Samuel Salzborn in seinem Buch „Antisemitismus. Geschichte, Theorie, Empirie", Nomos: Baden-Baden 2014 (online unter: http://www.salzborn.de/as-bd1_de.html) als auch von Monika Schwarz-Friesel et al. in „Aktueller Antisemitismus – ein Phänomen der Mitte (2010)" verwendet. Wir greifen diese begriffliche Formulierung für diesen Beitrag auf.

rum es sich bei Antisemitismus handelt, können wir ihn identifizieren und effektiv gegen ihn vorgehen. Dies spielt gerade im pädagogischen Bereich eine große Rolle, denn die Schule bietet ein einzigartiges Umfeld, in dem ein reger Austausch positiv auf Kinder und Jugendliche und damit auch auf die Entwicklung der Gesellschaft einwirken kann.

Dieser Beitrag soll als eine kurze Orientierung im Umgang mit dem Thema Antisemitismus in der Schule dienen. Dabei kann er sowohl herangezogen werden, wenn antisemitische Deutungsmuster in Unterrichtsmaterialien vorkommen oder von Schüler*innen zum Ausdruck gebracht werden, als auch für die Vorbereitung einer Thematisierung von Antisemitismus im Rahmen des Unterrichts, unabhängig von konkreten Vorfällen.

Da Rassismus und Antisemitismus oft gemeinsam gedacht oder aufeinander bezogen werden, wollen wir im zweiten Teil dieses Beitrags zu einer Klarheit der Begriffe und zu ihrer Differenzierung beitragen. Denn meist geht der Vergleich der beiden Phänomene soweit, dass Antisemitismus nur noch als eine Form von Rassismus verstanden wird. Ein Zusammenfallen der beiden Begriffe führt aber dazu, dass bei ihrem Auftreten keinem von beiden effektiv begegnet werden kann. Deswegen müssen beide Phänomene sowohl in der Bildungsarbeit als auch in der Wissenschaft kritisch und kontrovers betrachtet werden. Dabei ist es wichtig, sich beider Erscheinungsformen bewusst zu werden, um in einem alltäglichen Umgang auch die Perspektive der Betroffenen beleuchten und vor allem im bildungspolitischen Kontext angemessen auf rassistische bzw. antisemitische Äußerungen adäquat reagieren zu können. Der vorliegende Beitrag versucht, eine stichhaltige Analyse der beiden Phänomene, ihrer Gemeinsamkeiten und ihrer Unterschiede, anzubieten. Diese soll als erster Ansatzpunkt für ein tiefergreifendes Verstehen von Antisemitismus und Rassismus im Unterricht dienen und damit den Grundstein für eine erfolgreiche Prävention legen.

1 Der Wesenskern von Antisemitismus

> „‚Die Juden sind an allem schuld‘, meinte einer. ‚Und die Radfahrer‘ … sagte ich. ‚Wieso denn die Radfahrer?‘, antwortete er verdutzt. ‚Wieso die Juden?‘, fragte ich zurück.“ *(Oft Kurt Tucholsky zugeschriebener, in der Weimarer Republik weitverbreiteter Witz)*

Das Thema Antisemitismus ist in Deutschland stark umkämpft. Gerade in den letzten Jahren hat es immer wieder antisemitische Vorfälle gegeben, die gesamtgesellschaftlich diskutiert wurden. Dabei stand meist die Frage im Vordergrund, ob die Person oder der*die Täter*in, je nach Ausmaß des Vorfalls, nun als Antisemit*in bezeichnet werden kann oder nicht. Diese Zentrierung auf das Individuum hat zwei Konsequenzen: Auf der einen Seite wird Antisemitismus durch sie zu einer Charaktereigenschaft, die zwar unliebsam und auch verurteilungswürdig ist, aber als vollkommen außerhalb gesellschaftlicher Verhältnisse stehend betrachtet wird. Auf der anderen Seite wird mit dem absolut anmutenden Urteil „Dieser Mensch ist ein*e Antisemit*in" eine assoziative Verbindung zum Nationalsozialismus und dem Mord an Millionen von Jüdinnen und Juden hergestellt. Diese Referenzgröße führt in der Regel dazu, dass die betreffende Person vom Urteil des Antisemitismus freigesprochen werden muss, weil der Nazi-Vergleich unpassend und übertrieben erscheint. Dies ist auch aus pädagogischer Perspektive relevant, denn gerade gegenüber Kindern und Jugendlichen, die möglicherweise antisemitische Ansichten haben und diese im Unterricht zum Ausdruck bringen, fällt es einer*m wohlwollenden Lehrer*in sicherlich nicht leicht, dies mit dem gängigen Bild von Antisemit*innen zu vereinbaren. Am Ende dieses Gedankenprozesses sind dann sowohl Gesellschaft als auch Individuum vom Vorwurf des Antisemitismus bereinigt und eine tatsächliche Debatte wird überflüssig. Damit soll der Vernichtungsantisemitismus des Nationalsozialismus nicht verleugnet oder behauptet werden, dass es an ihn anschlussfähige Positionen heute nicht mehr geben würde. Es geht vielmehr darum zu zeigen, dass Antisemitismus ein komplexes System ist, dass sich auf verschiedenen Ebenen konstituiert, in verschiedenen Ausdrucksformen vorhanden sein kann, bei Individuen unterschiedlich ausgeprägt ist und dennoch die gesamte Gesellschaft betrifft.

Folgende Ausführungen sollen dazu anregen, Antisemitismus nicht als bloßes Persönlichkeitsmerkmal zu verstehen, das nur unter bekennenden Rechten zu finden ist, sondern als ein Phänomen, das tief verankert ist in den Strukturen der deutschen Gesellschaft, dabei jedoch ständig im Wandel begriffen ist und sich so immer wieder an die aktuellen Gegebenheiten, Diskurse und Bedürfnisse anpasst.

1.1 Die Struktur von Antisemitismus

Für eine Annäherung an das Phänomen Antisemitismus ist es sinnvoll, zwischen seiner Struktur und seinen Ausprägungsformen zu unterscheiden. So liegt den unterschiedlichen Ausprägungsformen[2], die je nach historischem

2 Die Ausprägungsformen werden im vorherigen Beitrag näher beleuchtet.

Zeitpunkt, Gesellschaft und Milieu variieren, immer dieselbe Phänomenstruktur zu Grunde. Um ihr näher zu kommen, betrachten wir die Arbeitsdefinition der International Holocaust Remembrance Alliance (IHRA), die 2017 auch von der Bundesregierung angenommen wurde[3]:

> „Antisemitismus ist eine bestimmte Wahrnehmung von Juden, die sich als Hass gegenüber Juden ausdrücken kann. Der Antisemitismus richtet sich in Wort oder Tat gegen jüdische oder nichtjüdische Einzelpersonen und/oder deren Eigentum sowie gegen jüdische Gemeindeinstitutionen oder religiöse Einrichtungen. Darüber hinaus kann auch der Staat Israel, der dabei als jüdisches Kollektiv verstanden wird, Ziel solcher Angriffe sein."

Zwar kann diese Definition ein erster Ansatzpunkt sein, aber der Komplexität des Phänomens Antisemitismus wird sie nicht gerecht. Dennoch eignet sie sich für eine erste Auseinandersetzung mit dem Begriff Antisemitismus. Betrachten wir die Definition genauer, können wir einige seiner Wesensmerkmale zumindest im Ansatz erkennen. Der erste Satz „Antisemitismus ist eine bestimmte Wahrnehmung von Juden" verweist schon auf eine konstitutive Komponente, nämlich auf die Konstruktion von Differenz und Andersartigkeit. Die Juden werden dabei als ein Kollektiv konstruiert, das sich essenziell von der Mehrheitsgesellschaft unterscheidet.[4] Sie werden damit zu den Anderen oder Fremden und können so dem eigenen gesellschaftlichen Kollektiv, dem nun als homogen gedachten „Wir", gegenübergestellt werden. Die Juden dienen dann als eine Art Kontrastfolie, durch die sich das nationale Kollektiv, also die sich (in diesem Fall) als deutsch verstehende Mehrheitsgesellschaft, konstruiert. Sie werden damit zum Feindbild, dass die Gesellschaft und ihre vermeintliche natürliche Homogenität von innen heraus unterminieren. Klaus Holz sieht in den von Antisemit*innen konstruierten Figur des Juden einen Dritten, der we-

---

3 Auswärtiges Amt (2017): Bundesregierung unterstützt internationale Arbeitsdefinition von Antisemitismus. Online unter: https://www. auswaertiges-amt.de/de/aussenpolitik/themen/kulturdialog/06-interkulturellerdialog/-/216610 [Abruf: 16.10.2019]

4 Wenn im Folgenden von „den Juden" die Rede ist, ist immer das antisemitische Bild gemeint, nicht eine tatsächlich existierende Gruppe von Jüdinnen und Juden. Wir benutzen sowohl im Plural als auch im Singular lediglich die männliche Form des Wortes, da Geschlechtsunterschiede im Antisemitismus zwar eine Rolle spiel(t)en, diese aber von einer großen Ambivalenz geprägt waren, da im Antisemitismus ein Jude immer für das Kollektiv, also „alle Juden" steht. Wenn wir von realen jüdischen Menschen sprechen, benutzen wir jedoch beide Formen. Aufgrund der tradierten antisemitischen Zuschreibung von geschlechtlicher Ambivalenz (s. der verweiblichte Jude) wird von Jüdinnen und Juden gesprochen und nicht lediglich von Jüd*innen.

der „Wir“ noch „die Anderen ist, sondern als eine Art dritte Instanz, außerhalb von nationalen Grenzen verortet wird und somit „indirekt die nationalstaatliche Ordnung der Welt als solche infrage“ (Arnold 2018: 191) stellt.

Diesem ersten Punkt, also der Differenzbildung, lassen sich zwei weitere Aspekte hinzufügen, für die sich in der Definition der IHRA ebenso im ersten Satz Hinweise finden lassen. Zum einen geht es um die „Wahrnehmung von Juden“ und zum anderen um den „Hass gegenüber Juden“.

Wahrnehmung kann verstanden werden als ein Prozess des Sammelns von Informationen und als Ergebnis dieses Prozesses gleichermaßen. In Bezug auf Antisemitismus ist aber wichtig, dass die Wahrnehmung der Antisemit*innen sich nicht auf eine reale Jüdin oder einen realen Juden bezieht. Es geht hier lediglich um Bilder und Vorstellungen von Juden, wie in den folgenden Abschnitten noch ausführlicher erläutert werden wird. Der Begriff der Wahrnehmung verweist auf die kognitive Komponente von Antisemitismus, wohingegen der erwähnte Hass für eine emotionale/affektive Komponente steht. Beide Komponenten lassen sich in den meisten Antisemitismustheorien identifizieren. So können wir Antisemitismus nach Sartre (1983: 113) sowohl als Leidenschaft als auch als Weltanschauung verstehen. Die beiden Komponenten werden dabei vorwiegend als untrennbar voneinander und sich gegenseitig bestärkend verstanden. In ihnen finden sich zum einen Stereotype, Rationalisierungen und Deutungsmuster und zum anderen Emotionen wie Hass oder Wut. Die emotionale oder affektive Komponente ist dabei unlösbar verknüpft mit den mentalen Repräsentationen der kognitiven Komponente. Im Folgenden soll auf beide Komponenten von Antisemitismus kurz eingegangen werden.

1.1.1 Antisemitismus als Weltanschauung – Die kognitive Komponente von Antisemitismus

Eine zentrale Funktion von Antisemitismus für Individuum und Gesellschaft ist das ihm innewohnende welterklärende Moment. Antisemitismus kann demnach allgemein verstanden werden als ein Mechanismus, der herangezogen wird, um Zusammenhänge, die aufgrund ihrer Komplexität oder Widersprüchlichkeit nur schwer greifbar sind, zu vereindeutigen und ihre Komplexität durch Simplifizierung und Personifizierung zu reduzieren. Das zeigt sich auch in dem extremen Dualismus von dem Antisemitismus geprägt ist, der sich in einer grundsätzlichen Unterscheidung zwischen Gut und Böse manifestiert. Konkreter bedeutet das die Abwesenheit von Graubereichen oder Abstufungen in antisemitischen Denkstrukturen.

Durch diesen Manichäismus wird die Erklärung für gesellschaftliche Missstände sehr einfach. Sie erfolgt, indem jegliche Widersprüchlichkeit verleugnet und die Lösung für alle Probleme mit der Beseitigung der im Bild des Juden personifizierten Ursache liegt. Im Grunde genommen ist Antisemitismus demnach ein Ansatz, um die Welt zu verstehen und zu erklären. In dieser Erklärung werden die Juden als machtvolles Kollektiv imaginiert, das im Verborgenen die Fäden in der Hand hält und verantwortlich ist für Kriege, gesellschaftliche Ungleichheit, die eigenen finanziellen Nöte oder in letzter Konsequenz für das gesamte Unglück der Welt:

> „Antisemitismus bedeutet eben die Verletzung von Juden durch Wort und Tat, die kollektiv und individuell verantwortlich gemacht werden für ein schlechtes Ganzes, das heißt auch potentiell für Alles und Jeden." (Claussen 1987: VIII)

Das Bild des Juden kann dabei innerhalb antisemitischer Strukturen variabel angewendet werden und passt sich den jeweils aktuellen gesellschaftlichen Gegebenheiten an, denn der Jude symbolisiert all das Böse und Schlechte in der Welt. Da das, was als böse und schlecht angesehen wird, je nach gesellschaftlicher Positionierung, politischer Einstellung und historischem Kontext variiert, muss auch das Bild des Juden flexibel sein, um seine Funktion zu erfüllen, wobei gewisse Widersprüche für die Wirksamkeit unproblematisch sind. Ein Beispiel hierfür ist die simultane Identifikation des Juden mit Kommunismus und Kapitalismus in der Weimarer Republik und während des Nationalsozialismus.

Hieraus erklärt sich zum einen die enorme Widerstandsfähigkeit des Phänomens Antisemitismus und seine Verbreitung in verschiedenen Milieus, Gesellschaften und politischen Systemen. In der Flexibilität des Bildes des Juden zeigt sich zum anderen, dass Antisemitismus nichts mit einer tatsächlichen sozialen Gruppe von Juden und Jüdinnen zu tun hat. Dennoch versuchen Antisemitismustheorien seit dem frühen 20. Jahrhundert den Grund für Antisemitismus zu identifizieren und greifen dabei teilweise auch auf die Idee zurück, dass jüdische Menschen in irgendeiner Weise selbst für den ihnen entgegenschlagenden Antisemitismus verantwortlich wären. Diese korrespondenztheoretischen[5] Antisemitismusansätze gehen davon aus, dass im Topos der Juden als auserwähltes Volk oder ihrer sozioökonomischen Positionierung sowie im

---

5 Die Korrespondenztheorie rührt von der Überzeugung, dass die Einstellungen gegenüber Jüdinnen und Juden mit den realen jüdischen Personen *korrespondiert*.

(angeblichen) Verhalten der Juden der Grund für ihre Markierung, Ausgrenzung und Verfolgung zu sehen ist. Hier werden aber Juden und Jüdinnen als ein monolithisches Gebilde konstruiert, dessen Essenz eine unveränderte Schneise durch Raum und Zeit schlägt und in sich schon die aufgestellten Kriterien von Antisemitismus erfüllt, nämlich die Komplexität der Wirklichkeit völlig verleugnet (siehe vorheriger Beitrag „Ausprägungsformen von Antisemitismus"). Antisemitismus hat mit realen jüdischen Menschen jedoch nichts zu tun, weil es die Juden als homogene Gruppe nicht gibt und sich in diesem Bild lediglich tradierte Stereotype als mentale Modelle reproduzieren. Der Antisemitismus kreiert sein Objekt, den Juden, also selbst.

1.1.2 Antisemitismus als Leidenschaft – Die emotionale Komponente von Antisemitismus

Die Nutzung von Antisemitismus als Erklärungsstrategie ist eng verwoben mit seinen psychologischen Funktionen. So werden antisemitische Erklärungsansätze besonders dann herangezogen, wenn die Widersprüchlichkeit der modernen Gesellschaft und der eigenen Rolle darin unerträglich erscheinen. Antisemitismus ist dabei oft an ein spezifisches oder unspezifisches Ungerechtigkeitsempfinden gebunden, das sich in Wut und Hass ausdrückt. Die Unzufriedenheit mit dem eigenen Leben, einer auf Widersprüchen beruhenden Gesellschaft und die eigene Unfähigkeit, sich dieser zu entziehen, lassen sich leichter ertragen, wenn Schuldige ausgemacht und dann mit leidenschaftlicher Hingabe verantwortlich gemacht werden können. Diese Gruppe kann als „die Juden" identifiziert sein, sie kann aber auch codiert als „die Finanzelite", „Israel" oder auch „die USA" zum gleichen Zweck eingesetzt werden.[6] Auf die nun als für das Unglück verantwortlich markierte Gruppe können sich im Weiteren alle negativen Emotionen projizieren, die mit den bereits beschriebenen Empfindungen wie Wut und Hass einhergehen. Wut, Hass und Frustration sind dann nicht mehr auf sich selbst oder auf die Gesellschaft mit ihren komplexen Strukturen gerichtet, sondern beziehen sich auf die Juden, die in der Rolle der Finanzelite, der Presse oder einfach „der da oben" für all das Böse in der Welt verantwortlich gemacht werden können.

---

6 Diese Begrifflichkeiten werden im Antisemitismus als Code bzw. Chiffre verwendet und analog mit dem „Juden" gesetzt, der das Kapital innehat und Menschen ausbeutet, um sich selbst zu bereichern. Daher stehen die Begriffe auch in Anführungszeichen.

1.2 Leidenschaft und Weltanschauung im geschlossenen Weltbild

Zugespitzt kann sich aus latenten antisemitischen Deutungsmustern ein geschlossenes Weltbild entwickeln, das kaum oder gar nicht mehr zu durchbrechen ist. Ein ausgeprägtes antisemitisches Weltbild geht dabei oft einher mit dem Glauben, nach langer Unwissenheit „die Wahrheit" erkannt zu haben. Dies wird kontrastiert mit einer angeblich weiterhin im Dunkeln tappenden Gesellschaft. Hier wird deutlich, wie Antisemitismus und Verschwörungsideologien zusammenhängen. Der*die Antisemit*in wie auch der*die Verschwörungsideolog*in sind vereint in dem Glauben, die wahren Machenschaften einer imaginierten mächtigen Elite, sei es nun in Form von Freimaurern, Echsenmenschen oder eben Juden, zu kennen und ringen um die Deutungshoheit in der Gesellschaft. Dagegen anzukämpfen scheint fast unmöglich, weil man sich durch Kritik automatisch als Teil der „naiven Mehrheitsgesellschaft" ausweist, die „denen da oben" auf den Leim gegangen ist.

Ab diesem Punkt setzt das wahnhafte Moment des Antisemitismus ein. Antisemitismus wird dann zum Wahn, wenn ihm als Überzeugung nicht mehr durch empirisch überprüfbare Fakten entgegengewirkt werden kann. Im Gegensatz zum psychopathologischen Phänomen ist der Wahn von Antisemit*innen jedoch nicht unbedingt eine Einschränkung im Alltag, da ihr Antisemitismus von der Mehrheitsgesellschaft nicht als abweichend betrachtet wird, denn er schließt an verbreitete antisemitische Deutungsmuster an; „[d]er Antisemitismus ist kein abweichendes, sondern das Normalverhalten, nicht die Ausnahme von der Regel, sondern die Regel selbst (Broder 1986: 35)." Während wahnhafte Antisemit*innen also durch rationale Argumente nicht zu überzeugen sind, ist es umso wichtiger antisemitische Erklärungsansätze im Alltag zu erkennen und sich bestimmt gegen sie zu stellen, um die Anschlussfähigkeit des wahnhaften Antisemitismus in der Gesellschaft so weit wie möglich zu vermindern.

1.3 Antisemitismus in Gesellschaft und Individuum

Für die Struktur von Antisemitismus ist zentral, dass er auf verschiedenen Ebenen wirkt, was schon die unterschiedlichen Disziplinen, die sich mit ihm beschäftigen, vermuten lassen. Die Antisemitismustheorien stammen vorwiegend aus den Geschichtswissenschaften, den Sozialwissenschaften und der Psychologie. Sie untersuchen Antisemitismus sowohl auf gesellschaftlicher, politischer und institutioneller Ebene als auch im Hinblick auf die individuellen Funktionen und Strukturen von Antisemitismus und den vermittelnden

Bereichen dazwischen. Das heißt auch, dass Antisemitismus nicht auf eine Charaktereigenschaft reduziert oder als Ideologie einiger weniger abgetan werden kann. Seine Existenz hängt immer mit komplexen gesellschaftlichen Prozessen auf der einen Seite und seiner Funktion und Konstitution im Individuum auf der anderen Seite zusammen. Antisemitische Einstellungen in Individuen entstehen maßgeblich durch die Wechselwirkung zwischen Individuum und Gesellschaft. So werden dem Individuum Angebote gemacht, anhand derer es eine Sicht auf die Welt entwickelt. Diese Angebote beinhalten dabei bestimmte Bilder und Deutungsansätze, die zwar flexibel sind und sich an die aktuelle Gesellschafsstruktur anpassen, jedoch auch in einer Kontinuität mit historischen Prozessen stehen. Am besten beobachten kann man das in sprachlichen Anleihen, Sprichwörtern und Bildern, die von Generation zu Generation weitergegeben werden und stark mitbeeinflussen wie wir die Welt sehen.

Da es sich dabei aber eben um Angebote handelt, führen sie nicht automatisch dazu, dass sich Einzelpersonen, die mit Antisemitismus konfrontiert werden, automatisch antisemitische Einstellungen aneignen. Antisemitismus geht immer auch mit einer Entscheidung einher, bestimmte Erklärungsansätze und Deutungsmuster nicht zu hinterfragen und für sich als „wahr" anzunehmen. Ob ein Individuum sich für diese Erklärungsansätze entscheidet, hängt dabei aber auch davon ab, welche Funktion Antisemitismus für die jeweilige Person erfüllt.

Antisemitische Wahrnehmungs- und Deutungsmuster erwachsen dabei nicht aus sich selbst heraus, sondern werden aus einem Fundus geschöpft, der über Jahrhunderte von Generation zu Generation weitergegeben, an die jeweiligen gesellschaftlichen Realitäten angepasst und mit neuen Bildern und Erklärungsansätzen angereichert wurde. So findet eine Kodifizierung von Antisemitismus statt, die sich in den Normen und Werten und der Kultur einer Gesellschaft widerspiegelt. Sie bildet den Rahmen innerhalb dessen sich antisemitische Vorstellungen, Einstellungen und Ressentiments im Individuum erst ausbilden können. Sprichwörter, tradierte Stereotype und Vorurteile manifestieren sich im öffentlichen Diskurs und können herangezogen werden, um eben jene Wahrnehmung der Welt sprachlich zu unterfüttern.

Die antisemitische Weltanschauung ist eingeschrieben in die deutsche Kultur und wird durch Sprache und Bilder immer wieder reproduziert, sodass sich Antisemitismus in allen Milieus und allen Altersgruppen findet. Je stärker er ausgeprägt ist, desto häufiger wird er in der Erklärung für bestimmte Zusammenhänge herangezogen und desto stärker wird Gebrauch von bestimmten Bildern gemacht. Das bedeutet aber auch, dass alle Mitglieder der Gesellschaft eine Neigung haben, auf antisemitische Erklärungsansätze zurückzufallen, wenn sie sich nicht aktiv dafür entscheiden, bestimmte Deutungsmuster zu hinterfragen. Das heißt, dass es einer aktiven Beschäftigung und einer entschiedenen Auseinandersetzung mit antisemitischen Motiven, Glaubenssätzen und Weltanschauungen bedarf. An dieser Stelle setzt auch die pädagogische Arbeit ein, der eine entscheidende Rolle in der Durchbrechung antisemitischer Denkstrukturen zukommen kann. Ohne Frage sind die Einflussmöglichkeiten von Lehrer*innen beschränkt, dennoch können sie ihren Schüler*innen Angebote liefern, bestimmte Denkmuster zu hinterfragen und somit einen ersten Schritt zu einer antisemitismuskritischen Perspektive beisteuern.

2 Der Wesenskern von Rassismus

Ähnlich wie beim Antisemitismus gibt es keine konsensfähige Definition von Rassismus. Vor allem im wissenschaftlichen Kontext gibt es viele unterschiedliche Ansätze, von denen einige von „einfachem Rassenhass" in Bezug auf beide Phänomene sprechen bis hin zu komplexen Definitionen, die verschiedene Artikulationsformen und geschichtliche und kulturspezifische Kontextualisierungen beleuchten. Um einen Zugang zu schaffen, wird hier eine Definition der Bundeszentrale für politische Bildung herangezogen:

> „[Eine] Form der Fremdenfeindlichkeit, die sich auf tatsächliche oder behauptete Rassenunterschiede stützt. Rassisten behaupten, dass Menschen sich nicht nur in ihren biologischen Merkmalen, z. B. Hautfarbe, unterscheiden, sondern dass ihr gesamtes Wesen von ihrer „Rassezugehörigkeit" geprägt sei. Damit verbunden ist stets der Glaube, die ‚eigene Rasse' sei höherwertig. Deshalb sei es in Ordnung, bestimmte Menschen zu benachteiligen, zu unterdrücken und im Extremfall sogar zu vernichten." (BpB 2011)

Bei Rassismus handelt es sich demnach um eine Ideologie, die von einer Höher- bzw. Minderwertigkeit von Gruppen von Menschen ausgeht, die anhand willkürlicher Merkmale, wie beispielsweise Hautfarbe, bestimmten Kategorien bzw. „Rassen" zugeordnet werden. Dabei ist zentral, dass es sich nicht um einen einfachen oder natürlichen Antagonismus zwischen zwei sozialen Gruppen handelt, sondern dass Rassismus auch immer verwoben ist mit den sozioökonomischen Verhältnissen einer Gesellschaft (Cox 2000: 72).

Konstruiert wurden Rassen im modernen Sinne im Rahmen der Kolonisierung der außereuropäischen Welt. In den Kolonien entstand schnell eine soziale Ordnung, die die europäischen Kolonisatoren und die autochthone Bevölkerung in ein eindeutiges hierarchisches Verhältnis zueinander stellte (Terkessidis 1998: 86). Nachdem die religiöse Grundlage mit dem sich ausbreitenden Zeitalter der Aufklärung nicht mehr für die Unterdrückung bestimmter Bevölkerungsanteile herangezogen werden konnte, bedurfte es einer wissenschaftlichen Erklärung. Insofern lässt sich die Entstehung von Rassismus wie auch die des Antisemitismus nicht von der Entstehung der Moderne trennen (ebd.: 88)

Um also dieses Verhältnis zu legitimieren, und mithilfe der Wissenschaften als neuem Erklärungs- und Legitimationsinstrument, wurde der bis dahin nur in der Zoologie benutzte Begriff der Rasse auf den Menschen übertragen. Hieran zeigt sich nicht nur, dass Rassen eine Erfindung sind, sondern dass sie von Vorneherein einem bestimmten Zweck dienten: Nachdem man die Menschen in Rassen unterteilt hatte, wurde zwischen biologischen Merkmalen, allen voran Hautfarbe, eine Verbindung zu „angenommenen zivilisatorischen Fähigkeiten" hergestellt und „die Menschheit in überlegene und minderwertige Rassen" klassifiziert (Miles 1999: 10). Diese Einteilung geschah durch die Vermessung von Körpern und Köpfen und dem Aufstellen von Theorien, die nicht nur die physiognomischen Differenzen, sondern vermeintliche natürliche Wesensunterschiede erklären sollten. So entstand ein komplexes Netz des „rassistischen Wissens", dass sich bis heute weiterentwickelt und sich immer wieder selbst aktualisiert. Dieses „rassistische Wissen" kann verstanden werden als eine komplexe Struktur von Vorurteilen, die als Negativfolie dient und von der sich die weiße Mehrheitsgesellschaft positiv absetzen kann.

Die Rolle von Rassismus variiert von Gesellschaft zu Gesellschaft und ist immer auch eingebettet in die jeweilige sozialhistorische Realität. Rassismus hängt direkt mit den materialistischen Verhältnissen zusammen und verändert sich mit diesen. Besonders gut lässt sich dies an der „Weiß-Werdung" bestimmter Gruppen in den USA im Zusammenhang mit der Veränderung ihrer ökonomischen und sozialen Situation verdeutlichen. So wurden Ir*innen, Italiener*innen und Deutsche beispielsweise erst mit der Verbesserung ihrer Position nicht mehr als minderwertige Rasse angesehen (vgl. Allen 1994). Rassismus ist dabei stark funktioneller Natur, er dient dazu, bestimmte Strukturen aufrechtzuerhalten, also den Status Quo zu manifestieren und zu legitimieren. Zwar glauben die meisten Menschen heute nicht mehr an unterschiedliche Rassen, eine Kategorisierung von „Wir" und den „Anderen" findet aber weiterhin statt. Diese Unterscheidungen dienen dazu, die so konstruierte eigene Gruppe von den „Anderen" abzugrenzen und diese damit als nicht-zugehörig zu markieren. Die Merkmale anhand derer dies erfolgt, scheinen – zumindest auf den ersten Blick – nicht physiologisch, sondern beziehen sich beispielsweise auf eine zugeschriebene Kultur oder Religion. Das bedeutet, dass Menschen nun nicht mehr aufgrund ihrer vermeintlichen „Rasse“ diskriminiert werden, sondern anhand der Zuschreibung kultureller Unterschiede. Nun wird unter dem Merkmal „Kultur“ eine Gruppe der Anderen konstruiert, die als homogen imaginiert wird. Durch die Zuschreibung Teil dieser Gruppe zu sein, werden Rückschlüsse auf das einzelne Individuum gezogen, während das Individuum wieder auf die Gruppe zurückgeführt wird.

Da die Kategorisierung dabei aber weiterhin über äußerliche Merkmale stattfindet und mit der Annahme einer gewissen Unabänderlichkeit einhergeht, zeigt sich hier der alte Rassismus lediglich in einer neuen Artikulationsform. Auch hier wird eine Trennung von Innen und Außen aufgemacht, und was (nicht) zu diesem Inneren gehört, wird durch die privilegiertere Personengruppe festgelegt. Anstelle des Begriffs „Rasse“ ist also der Begriff „Kultur“ getreten. Aber auch diese „kulturellen Merkmale“ werden als quasi natürlich und unabänderlich konstruiert, sodass sich Rassismus nur scheinbar verändert hat:

> „Es geht dabei nicht mehr um die Schädelgröße, sondern um sogenannte kulturelle Unterschiede. Diese werden als naturgegebene Fähigkeiten einer Bevölkerung angesehen und damit in gleicher Weise als natürlich fixiert, wie früher anhand von Größe und Umfang des Schädels.“ (Miles 1999: 10)

Ein zentrales Merkmal von aktuellen Formen von Rassismus ist dabei eine kontinuierliche Auslagerung der rassifizierten Personen aus dem nationalen Kollektiv. Dies äußert sich unter anderem in Bemerkungen zur „eigentlichen Herkunft“ beispielsweise durch Fragen wie: „Und wo kommst du eigentlich her?“, die unterstellen, dass die Heimat der gefragten Person nicht in Deutschland sein kann, da sie nicht der vermeintlich weißen Norm entspricht. Dieses Beispiel zeigt, dass sich rassistische Strukturen, obwohl der Glaube an unterschiedliche Menschenrassen, abgesehen von extrem rechten Milieus, weitgehend nicht mehr gesellschaftsfähig ist, in allen modernen Gesellschaften finden lassen. Rassismus äußert sich aktuell beispielsweise auch in geringeren Chancen auf dem Arbeitsmarkt, bei der Suche nach einer Wohnung oder durch andere Formen von alltäglichem und institutionellem Rassismus.

3 Abgrenzung von Antisemitismus und Rassismus

In gegenwärtigen Diskussionen, ganz gleich ob in den Medien oder in der Wissenschaft, wird Antisemitismus meistens als Unterform von Rassismus verstanden.

Generell, aber insbesondere auch für die politische Bildungsarbeit, ist es jedoch wichtig, zwischen Antisemitismus und Rassismus zu unterscheiden, da sonst das Erkennen besonders von Antisemitismus schwerfällt. Denn viele seiner Ausprägungen können innerhalb einer antirassistischen Aufklärungsarbeit ohne eine Unterscheidung nicht gefasst werden, eine effektive Präventionsarbeit wäre nicht zu leisten Eine Broschüre der Amadeu Antonio Stiftung schreibt dazu:

> „Während sich ein vereinfachter Antidiskriminierungsansatz zum Thema Rassismus damit begnügen kann, nachzuweisen, dass es keine Rassen gibt, sondern ‚nur' ideologische Rassenkonstruktionen, ist ein anti-antisemitischer Diskurs vor die Schwierigkeit gestellt, an einer Perspektive zu arbeiten, die es ermöglicht, Juden zugleich als ein sozialhistorisches Kollektiv und als eine Glaubens- und Schicksalsgemeinschaft, nicht aber als biologisch-völkisch bzw. geographisch beschreibbares Kollektiv zu sehen. Dabei gilt es zudem, verständlich zu machen, dass die Bedeutung von Abstammung und Religion auch unter Juden umstritten ist." (Scheer/Schäuble 2007: 52)

Sowohl bei antirassistischer als auch bei anti-antisemitischer Arbeit muss darauf verwiesen werden, dass es bei der Unterscheidung niemals um eine Wertung gehen darf. Die folgende Gegenüberstellung der beiden Phänomene soll lediglich dem besseren Verständnis dienen und nicht etwa der Frage nachgehen, ob eine Form der Diskriminierung schlimmer ist als die andere.

Wenn wir uns die beiden Definitionen von Antisemitismus und Rassismus in Erinnerung rufen, lässt sich schon anhand dieser eine Unterscheidung der beiden Phänomene Antisemitismus und Rassismus erkennen. Ziehen wir die Antisemitismusdefinition der IHRA aus dem ersten Teil dieses Beitrags heran, stellen wir fest, dass diese auf einer anderen Ebene ansetzt. So ist die Rassismusdefinition wesentlich breiter aufgestellt und bezieht sich auf die allgemeine Annahme von Rassenunterschieden. Ein erster Ansatzpunkt in Bezug auf die Abgrenzung von Antisemitismus liegt hier darin, dass Antisemitismus auch ohne Rassenkonstruktion funktioniert.

Dennoch werden Rassismus und Antisemitismus nicht selten in den gleichen Topf geworfen beziehungsweise Antisemitismus als ein Unterphänomen rassistischer Ideologien verstanden. Das hängt damit zusammen, dass Antisemitismus weiterhin vorwiegend im Nationalsozialismus verortet wird, der durch eine spezifische rassenideologisch fundierte Ausprägung des Antisemitismus charakterisiert ist. Diese stellt aber nur eine Form von Antisemitismus dar, wird aber häufig als Maßstab für jeden Antisemitismus herangezogen. Dabei werden zum einen seine anderen Ausprägungen ignoriert, zum anderen findet eine Gleichsetzung mit Rassismus statt. So wird verkannt, dass die Phänomene Antisemitismus und Rassismus trotz vieler Gemeinsamkeiten strukturell unterschiedlich in die Gesellschaft eingebettet sind und sich anderer Feindbilder und Ressentiments bedienen. Die drei im folgenden aufgeführten Merkmale sollen die Unterscheidung verständlicher machen:

3.1 Differenzmarkierung

Sowohl Antisemitismus als auch Rassismus bedienen sich – als Gemeinsamkeit – der Markierung des Anderen, um das eigene Kollektiv gegen die Negativfolie des Anderen abzugrenzen. Historisch gesehen besteht ein Unterschied jedoch darin, dass Juden als „Gefahr von innen" gesehen wurden, während rassistisch Markierte völlig aus der Nation ausgeschlossen blieben und damit eine geringere Gefahr für die Einheit einer Nation darstellten.

Diese Unterscheidung findet sich unter anderem auch in der Rassenideologie des Nationalsozialismus, anhand derer ein wesentlicher Unterschied zwischen Antisemitismus (auch rassistischem) und Rassismus sichtbar wird. So erfand die nationalsozialistische Ideologie drei Rassekategorien. Dabei stand die „kulturstiftende Rasse" (bzw. „nordisch-arische Rasse") der „kulturtragenden Rasse" (das bezog sich beispielsweise auf asiatische und afrikanische Menschen) und der „kulturzersetzenden Rasse" (letztere meinte Juden und unter Umständen auch Sinti und Roma) gegenüber.

Zwar wurde auch das rassistisch markierte Andere von den Nationalsozialisten klar als minderwertig betrachtet, die größere, weil abstraktere Gefahr ging in der Logik der Nationalsozialisten aber von „den Juden" aus, welche sich parasitär in die Gesellschaft eingeschlichen hätten und diese nun von innen zersetzten. Während rassistisch markierte Individuen klar „woanders" verortet werden konnten und damit mit ihnen eine geringere Gefahr auf das „einheimische Volk" einherging, wurde die den Juden zugeschriebene Heimatlosigkeit als zusätzliche Gefahr für die nationalstaatliche Ordnung empfunden. Dies zeigt sich unter anderem in dem Bild des internationalen Judentums, das von einer Weltverschwörung durch eine über den gesamten Globus vernetzten jüdischen Elite ausging.

3.2 Projektionen

Sowohl Antisemitismus als auch Rassismus sind geprägt von Projektionen auf das Andere. Projektionen können dabei nach Freud als Verdrängungsmechanismen verstanden werden, die es ermöglichen, unliebsame Teile aus dem Selbst auf jemanden anderes oder eine andere Gruppe zu übertragen. Dabei werden Eigenschaften, die in der gegenwärtigen Gesellschaft abgewertet sind und aus diesem Grund im Selbst nicht anerkannt werden können den Anderen zugeschrieben.

Rassifizierte Subjekte werden dabei in die Nähe der Natur gerückt. Ihnen wird Triebhaftigkeit, Naturverhaftetheit und Primitivität unterstellt, auch Stigmata wie unkontrollierte Sexualität und Faulheit spielen eine Rolle. *Juden* wiederrum werden eher als übermächtig imaginiert, ihnen wird ein „Zuviel an Intelligenz, Reichtum und Macht" zugeschrieben. Hier zeigt sich also, dass das Objekt der Projektionen in Antisemitismus und Rassismus jeweils ein anderes ist und diesem Mechanismus also auch eine unterschiedliche Funktion zukommt. So kann man in dieser Ausführung sagen, dass Rassist*innen nach unten schauen und Antisemit*innen nach oben, weil sie durch ihre Projektionen *Juden* als Übermacht imaginieren.

3.3 Wahn und Vernichtung

Ein entscheidender Unterschied zwischen Antisemitismus und Rassismus ist das *wahnhafte Element* von Antisemitismus. Zwar gibt es auch wahnhafte Rassist*innen, allerdings ist ein Wesensmerkmal von Antisemitismus, dass er die gesamte Welt erklären soll. Alles Schlechte, das heißt die gesamte Ungerechtigkeit der Welt, wird dabei „dem Juden" angelastet, und kann in der Folge durch dessen Beseitigung getilgt werden. Der*die Antisemit*in ist leidenschaftlich Antisemit*in (vgl. Sartre 1994: 15). Diese Leidenschaft schlägt in Wahn um und dieser Wahn führt zu *Vernichtungsgedanken*, denn der*die Antisemit*in glaubt, dass er*sie die Wahrheit über all das Schlechte in der Welt im Juden gefunden hat, dessen Beseitigung die Konsequenz sein muss: „Im Kern des antisemitischen Verschwörungswahns [...] steht in erster Linie der aus Angst umgewandelte Affekt des Hasses, der auf einen einzigen Wunsch zurückgeführt werden kann: auf den Wunsch, alles Störende, selbst das ursprünglich Ersehnte, aber nie erreichte aus dem Weg zu räumen (Pohl 2010: 50)." Dem*der Antisemit*in genügt es also nicht, den Juden zu vertreiben, sondern er muss komplett ausgerottet werden. Geschichtlich zeigt sich dieser Unterschied auch daran, dass die Deutschen weiterhin Jüdinnen und Juden in Konzentrationslager deportierten, um diese zu vernichten, obwohl der Zweite Weltkrieg von Seiten Deutschlands bereits verloren war. Der Wahn tritt in aller Deutlichkeit hervor, führt man sich vor Augen, dass die Ressourcen, die zur Deportation und Vernichtung der Juden und Jüdinnen verwendet wurden, in der militärischen Notlage an andere Stelle dringend benötigt wurden. Antisemitischen Deutungsmustern ist der Vernichtungsgedanke also schon immer inhärent.

Rassist*innen hingegen wollen von Rassismus betroffene Menschen (in der Regel) nicht vernichten und „ausrotten", da sie im „edlen" oder auch „primitiven Wilden" keine Übermacht sehen, sondern eher eine Figur, die weniger wert ist als seine Unterdrücker*innen und die daher zivilisiert werden muss beziehungsweise. ausgebeutet und versklavt werden kann. Rassismus ist somit vorwiegend funktionaler Natur, als Ideologie und Praxis dient er dazu, die bestehenden Verhältnisse aufrechtzuerhalten und zu legitimieren. Die in der rassistischen Hierarchie Untenstehenden sind dabei notwendig, um das System aufrechtzuerhalten und so die Privilegien der Kolonisator*innen oder auch in aktuellen Ausprägungen die der Mehrheitsgesellschaft zu sichern.

In gegenwärtigen Varianten des Rassismus finden sich vor allem die rassistische Markierung von Menschen als nicht zugehörig zum nationalen Kollektiv. In der Folge werden die Betroffenen als Störer und Schuldige ausgemacht, wenn es um gesellschaftspolitische Konflikte geht. So wird ihnen beispielsweise zugeschrieben, den vermeintlich Einheimischen die Arbeitsplätze wegzunehmen. Ein Unterschied ist hier jedoch, dass es im Rassismus meist mit der Forderung, die „Ausländer sollen nach Hause gehen" getan ist.

4 Fazit

Insgesamt kann festgestellt werden, dass es sich bei Antisemitismus und Rassismus um zwei unterschiedliche Phänomene handelt, wenngleich beide viele Gemeinsamkeiten haben. Dennoch werden Rassismus und Antisemitismus immer noch analog gesetzt bzw. Antisemitismus nur als eine Erscheinungsform von Rassismus wahrgenommen. Dafür gibt es verschiedene Gründe. So kommt es durch ein fehlendes Verständnis des rassenideologischen Antisemitismus im Speziellen und die Rassentheorie des Nationalsozialismus im Allgemeinen immer wieder zu Vermischungen. Aber auch Ereignisse nach 1945 tragen dazu bei. Beispielsweise der an die 1968er angelehnte Kampf durch die sogenannte Neue Linke gegen den Imperialismus und den „Faschismus in den Köpfen". Hier hat sich gerade die antiimperialistische Linke unter dem Deckmantel der Solidarität mit dem Kampf um die Befreiung Palästinas von der „Besatzungsmacht" Israel zu eigen gemacht. Israel wird dabei als machtvoller Repräsentant einer weißen Kolonialmacht identifiziert: Sich als antirassistisch verstehende Menschen sehen in Israel ein Fortbestehen kolonialer Strukturen, bei denen der Kampf der Palästinenser*innen äquivalent zum Kampf unterdrückter und kolonialisierter Subjekte im kolonialen Afrika gleichgesetzt wird. Dabei ist die Situation gerade aufgrund von dem den Jüdinnen und Juden entgegenschlagenden Antisemitismus in Europa und dem daraus folgenden Holocaust in Deutschland völlig anders verortet als der koloniale Imperialismus des 19. und 20. Jahrhunderts. Häufig werden dabei außerdem die terroristischen Anschläge und Kämpfe verharmlost, die von Seiten der terroristischen Organisation Hamas ausgehen und die unter dem Deckmantel der Emanzipation und Freiheitskampf deklariert werden. Bei dieser Art von Vergleichen wird immer wieder verkannt, dass es sich bei dem Staat Israel um die einzige Demokratie des Nahen Ostens handelt (vgl. Salzborn 2018). Auch Gleichsetzungen mit dem Apartheidsregime in Südafrika sind in diesem Zusammenhang zu sehen, die sich einerseits antisemitischer Ressentiments bedienen, indem sie Israel das Existenzrecht und das Recht auf Selbstbestimmung absprechen und anderseits mit einer Verharmlosung der Zustände vor Ende der Apartheid in Südafrika einhergehen.[7]

Der Staat Israel steht seit seiner Gründung im Fokus antisemitischer Ressentiments und dient somit als eine erweiterte Projektionsfläche zum Juden. Besonders in Bezug auf den Staat Israel ist erkennbar, dass Ressentiments sowohl aus linken als auch aus (extrem) rechten Kreisen artikuliert werden (Schwarz-Friesel/ Reinharz 2013: 194).

Um abschließend zusammenzufassen: Es ist wichtig, zwischen Antisemitismus und Rassismus zu unterscheiden, um Ressentiments und ideologische Weltbilder zu entlarven und angemessen auf sie reagieren zu können. Vor allem unter der Devise „Nie wieder!“. Denn oftmals erweckt es den Anschein, dass mit dem Ende des Nationalsozialismus auch der Antisemitismus aus der Gesellschaft verschwunden ist. Aktuelle Vorkommnisse wie die Kontroverse um die Echo-Verleihung 2018, bei der die deutschen Rapper Kollegah und Farid Bang einen Preis verliehen bekamen, obwohl es zuvor aufgrund antisemitischer Textzeilen wie „Mein Körper definierter als der von Auschwitz-Insassen“ zu starken Diskussionen kam, zeigen allerdings seine Aktualität und auch, dass Antisemitismus und auch Rassismus keine Phänomene ausschließlich rechter Gruppierungen sind, sondern sich in der Mitte der Gesellschaft angesiedelt zeigen.

7 Schwarze durften beispielsweise im Apartheidsregime nicht wählen, arabische und muslimische Israelis haben hingegen das Recht zu wählen (Heni 2013: 395).

Weiterhin ist es deshalb wichtig, eine Unterscheidung zwischen Antisemitismus und Rassismus vorzunehmen, um zu verstehen, dass der Nationalsozialismus nicht aufgrund von rassistischen Diskriminierungen so erfolgreich war, sondern aufgrund eines allumfassenden, alles erklärenden Weltbildes, das die Welt in Gut und Böse einteilte. Wobei das Böse in Form des Juden restlos vernichtet werden sollte. Wie bereits erwähnt, werden die Objekte von Rassismus als niedere Wesen imaginiert, Rassist*innen wollen Ausbeutungsstrukturen und Privilegien aufrechterhalten, was zur strukturellen Verankerung und zur Reproduktion von Rassismus beiträgt. Der Jude steht hingegen für eine abstrakte Übermacht. Dabei muss sich ein antisemitisches Ressentiment nicht mehr nur auf die Vernichtung von Jüdinnen und Juden beziehen, sondern spiegelt sich auch in verschwörungsideologischen Ansätzen wieder. Antisemit*innen sind der Meinung, erkannt zu haben, wie die Welt wirklich ist und wer sie steuert. Antisemitismus ist somit eine Reduktion von Komplexität, denn der/die Antisemit*in fühlt abstrakt und denkt konkret (vgl. Salzborn 2010: 71).

Der Behauptung, dass Rassismus und Antisemitismus sich in vielen Fällen überschneiden, ist zuzustimmen. Als Ressentiments weisen sie dazu durchaus gewisse ideologische Gemeinsamkeiten auf. So richtig und wichtig es also ist, in der politischen Auseinandersetzung mitunter die Überschneidungen von Rassismus und Antisemitismus zu reflektieren, diese offenzulegen und zu kritisieren, so relevant ist andererseits die Reflexion der Distinktionsmerkmale beider Ideologien. Wie der Aussage „Nur ein sichtbarer Feind lässt sich bekämpfen" eine evidente Wahrheit zu Grunde liegt, kann ebenfalls gesagt werden, dass Antisemitismus und Rassismus sich nur bekämpfen lassen, wenn die sie jeweils bestimmenden Eigenschaften „sichtbar" gemacht werden. Sichtbar werden die beiden Ideologien vor allem in ihrer begrifflichen Abgrenzung voneinander, während die bloße Subsumtion des Antisemitismus unter der Kategorie des Rassismus vor allem zur begrifflichen Unschärfe beider Phänomene beiträgt, unabhängig von der faktischen Inkorrektheit der Unterstellung, es handele sich bei Antisemitismus um eine „spezielle Form des Rassismus".

An dieser Stelle möchten wir erneut darauf hinweisen, dass nicht jede Person, die sich antisemitisch artikuliert gleich ein*e ideologische Antisemit*in ist und/oder die Vernichtung von Jüdinnen und Juden im Kopf hat. Gerade Personen, die noch kein vollständig abgeschlossenes antisemitisches Weltbild haben, wie z. B. Schüler*innen, müssen auf antisemitische Deutungs- und Argumentationsmuster hingewiesen werden. Nur so können sie begreifen, warum bestimmte Ressentiments antisemitisch sind und was damit einhergehen kann. Genau hier kann und muss die pädagogische Arbeit ansetzen.

Literatur

Auswätiges Amt (2017): Bundesregierung unterstützt international Arbeitsdefinition von Antisemitismus. Online unter: http://embassies. gov.il/berlin/NewsAndEvents/Pages/IHRA-einigt-sich-aufArbeitsdefinition-f%C3%BCr-Antisemitismus.aspx [Abruf: 16.10.2019]

Améry, Jean (2005): „Der neue Antisemitismus", in: Heidelberger-Leonard, Irene/Steiner, Stephan (Hg.): Werke, Bd. 7: Aufsätze zur Politik und Zeitgeschichte, Stuttgart: Klett-Cotta.

bpb – Bundeszentrale für politische Bildung: Rassismus. Online unter: https://www.bpb.de/nachschlagen/lexika/politiklexikon/18092/ras- sismus [Abruf: 16.10.2019]

Broder, Henryk M. (1986): Der ewige Antisemit: über Sinn und Funktion eines beständigen Gefühls, Frankfurt/M.: Fischer.

Butter, Michael (2018): »Nichts ist, wie es scheint«: Über Verschwörungstheorien, Berlin: Suhrkamp.

Cassels und Green (1995): „Wahrnehmung", in: Gerstenmaier, Jochen/ Banyard, Philip u. a. (Hg.): Einführung in die Kognitionspsychologie, München: UTB (Reinhardt)

El-Tayeb, Fatima (2016): Undeutsch: die Konstruktion des Anderen in der postmigrantischen Gesellschaft, Xtexte, Bielefeld: transcript.

Foroutan, Naika u. a. (2018): Das Phantom Rasse«: Zur Geschichte und Wirkungsmacht von Rassismus, 1. Aufl., Wien, Köln, Weimar: Böhlau.

Grimm, Marc/Kahmann, Bodo (2018): Antisemitismus im 21. Jahrhundert: Virulenz einer alten Feindschaft in Zeiten von Islamismus und Terror, Walter de Gruyter GmbH & Co KG.

Heni, Clemens (2013): Antisemitism: a specific phenomenon : Holocaust trivialization – Islamism – Post-colonial and Cosmopolitan anti-Zionism /Clemens Heni, BV039711502 Studien zum Antisemitismus 3, Berlin: EdCritic.

Holz, Klaus (2000): „Die Figur des Dritten in der nationalen Ordnung der Welt", Soziale Systeme 6/2, S. 269–290.

Horkheimer, Max/Adorno, Theodor W. (1988): Dialektik der Aufklärung. Philosophische Fragmente, Frankfurt/M.: Fischer.

Miles, Robert (1999): Rassismus – Einführung in die Geschichte und Theorie eine Begriffs, Hamburg: Argument Verlag.

Pohl, Rolf (2010): „Der antisemitische Wahn.", in: Stender, Wolfram/Follert, Guido/ Özdogan, Mihri (Hg.): Konstellationen des Antisemitismus: Antisemitismusforschung und sozialpädagogische Praxis, Wiesbaden: VS Verlag für Sozialwissenschaften, S. 41–68.

Rommelspacher, Birgit (2009): „Was ist eigentlich Rassismus", Rassismuskritik 1, S. 25–38.

Salzborn, Samuel (2010): Antisemitismus als negative Leitidee der Moderne: sozialwissenschaftliche Theorien im Vergleich, Frankfurt/M.: Campus.

Salzborn, Samuel (2014): Antisemitismus. Geschichte, Theorie, Empirie. Nomos: Baden-Baden. Online unter: http://www.salzborn.de/as-bd1_de.html [Abruf: 16.10.2019]

Sartre, Jean-Paul (1983): Drei Essays. Ist der Existentialismus ein Humanismus – Materialismus und Revolution – Betrachtungen zur Judenfrage, Frankfurt/M. u. a: Ullstein.

Schwarz-Friesel, Monika/Reinharz, Jehuda (2017): Die Sprache der Judenfeindschaft im 21. Jahrhundert, Berlin, Boston: De Gruyter.

Schwarz-Friesel, Monika/Friesel, Evyatar/Reinharz, Jehuda (Hg.) (2010): Aktueller Antisemitismus – ein Phänomen der Mitte, Berlin, New York: De Gruyter.

Terkessidis, Mark (1998): Psychologie des Rassismus, Opladen: Westdeutscher Verl.

Volkov, Shulamit (2000): Antisemitismus als kultureller Code: zehn Essays, München: C.H. Beck.

Weyand, Jan (2010): „Die Semantik des Antisemitismus und die Struktur der Gesellschaft", in: Stender, Wolfram/Follert, Guido/Özdogan, Mihri (Hg.): Konstellationen des Antisemitismus: Antisemitismusforschung und sozialpädagogische Praxis, Wiesbaden: VS Verlag für Sozialwissenschaften, S. 69–89.

Wistrich, Robert S. (1987): Der antisemitische Wahn: von Hitler bis zum Heiligen Krieg gegen Israel, Ismaning bei München: Hueber.

„Verschwörungstheorien“

Annica Peter

1 „Verschwörungstheorien“

Oft kommen sie ganz harmlos daher – zum Beispiel, wenn sich die Nachbarin darüber ärgert, dass es doch kein Zufall sein kann, dass ihr Fernseher genau in dem Moment kaputt geht, wenn die Garantie gerade abgelaufen ist: „Das machen die doch mit Absicht so!“

Sogenannte „Verschwörungstheorien“ begegnen uns zuhauf in unserem Alltag und sind in ihrem Ausmaß an Absurdität von ganz unterschiedlichem Kaliber. Sie sind kein neues Phänomen, sondern existieren schon seit hunderten von Jahren. Durch das Internet haben „Verschwörungstheorien“ jedoch eine völlig neue Relevanz bekommen.

Menschen, die sich durch das Internet bewegen, werden früher oder später mit „Verschwörungstheorien“ konfrontiert – umso wichtiger ist es, ganz besonders für Kinder und Jugendliche, dass sie lernen, solche einzuordnen und zu durchschauen.

- Woran erkenne ich eine „Verschwörungstheorie“?
- Wie beweise ich, dass eine „Verschwörungstheorie“ nicht stimmt? (Geht das überhaupt?)
- Was ist eigentlich so problematisch an „Verschwörungstheorien“?
- Und was genau haben „Verschwörungstheorien“ mit Antisemitismus zu tun?

Sich mit diesen Fragen zu beschäftigen ist wichtig im Sinne einer demokratiefördernden, Antisemitismus vorbeugenden Bildungsarbeit. Gleichzeitig stoßen die Themen bei Jugendlichen oft auf reges Interesse, weil es verschiedene Berührungspunkte zur eigenen Lebensrealität gibt. In diesem Beitrag werden verschiedene Aspekte rund um Antisemitismus und „Verschwörungstheorien“ eingeführt und praktische Übungen für den Schulunterricht vorgestellt.

2 Wie funktionieren Verschwörungsfantasien[1]?

2.1 Plötzlich macht alles Sinn!

Das menschliche Gehirn nimmt jeden Tag etliche Informationen auf, verarbeitet diese, wertet sie aus, leitet Handlungsmuster ab, sortiert, speichert, kombiniert, vergleicht, verbindet und so weiter und so fort. Dadurch ist der Mensch zu abstrakten Denkvorgängen in der Lage, kann komplexe Zusammenhänge verstehen und sich seine Umwelt auf unvergleichliche Weise zu Nutze machen. Das Gefühl der Erkenntnis fühlt sich für Menschen gut an. Ob die Erkenntnis wirklich richtig oder falsch ist, spielt für dieses gute Gefühl keine Rolle, sondern nur, ob das Gehirn die Erkenntnis als richtig einsortiert hat. Menschliche Gehirne neigen dazu, überall Zusammenhänge herstellen zu wollen – das ist gut, denn nur so können wir als Kinder schnell lernen, dass nicht nur der Herd in der elterlichen Küche heiß sein kann, sondern auch der bei Oma und Opa. Leider neigen Gehirne darum aber auch dazu, Zusammenhänge herzustellen, wo eigentlich gar keine sind.

Verschwörungsfantasien sind deswegen so verbreitet, weil sie sich irgendwie gut anfühlen – ganz egal wie abwegig sie eigentlich sind. Phänomene, die sehr komplex sind und differenziert betrachtet werden müssten, können plötzlich einfach erklärt und „verstanden" werden. Gleichzeitig verleiht die Erkenntnis, einer Verschwörung auf die Schliche gekommen zu sein und jetzt zum kleinen Kreis der Wissenden zu zählen, ein angenehmes Gefühl der Überlegenheit: *Ich lasse mich nicht so an der Nase herumführen, wie die meisten anderen!*

Zufälle widerstreben dem menschlichen Bedürfnis, hinter allem einen Sinn zu suchen und zu finden. Trotzdem ist unser Alltag vom Zufall geprägt. Menschen, die an Verschwörungsfantasien glauben, fällt es schwer, den Zufall als unberechenbaren Faktor zu akzeptieren – er wird schlichtweg geleugnet und mittels falscher Zusammenhänge erklärt. Fehlschlüsse – als Konsequenz aus der

1 In der Wissenschaft ist es nicht mehr üblich von „Verschwörungstheorien" zu sprechen und das hat einen guten Grund: der Begriff „Theorie" weckt den Eindruck von wissenschaftlichen Standards, die bei „Verschwörungstheorien" jedoch nicht eingehalten werden. In der Forschung wurden stattdessen neue, differenziertere Begriffe für dieses Phänomen geschaffen, zum Beispiel *Verschwörungsideologie, Verschwörungsmythos* oder auch *Verschwörungsüberzeugung*. Es ist sinnvoll, auch bei der Arbeit mit Schüler*innen einen neuen Begriff einzuführen, um sogenannte „Verschwörungstheorien" noch deutlicher als unsachliche Fantasien zu markieren. Für die Arbeit mit jungen Menschen bietet es sich an, den Begriff *Verschwörungsfantasie* (nach dem Historiker Richard Hofstadter) zu gebrauchen, weil er leicht verständlich und einprägsam ist. Im Folgenden wird nun ausschließlich dieser benutzt.

Verleugnung des Zufalls – sind menschlich und passieren uns allen früher oder später mal – wichtig ist, dass wir uns dessen bewusst sind. Im Folgenden findet sich eine Übung, die Schüler*innen das Erkennen von Fehlschlüssen üben lässt.

Übung A: Fehlschlüsse erkennen

Zur Veranschaulichung des Phänomens der logischen Fehlschlüsse empfehlen sich die Illustrationen von Ali Almossawi aus „Das illustrierte Buch der schlechten Argumente" (online frei verfügbar unter https://bookofbadarguments.com/de/).
Die Schüler*innen finden sich in Kleingruppen zusammen, um die Bilder zu interpretieren und sich neue Alltagssituationen aus- zudenken, in denen die gleichen Prinzipien des Fehlschlusses passieren könnten. Gut geeignet zur Vorarbeit zum Thema sind die Kapitel „Nichtursache als Ursache (S. 20/21)", „Übereilte Verallgemeinerung (S. 24/25)" oder „Berufen auf Nichtwissen (S. 26/27)".

2.2 Cui bono?

Bedeutsamer Bestandteil einer jeden Verschwörungsfantasie sind die angeblichen Verschwörer*innen. Ihnen wird eine fast gottesgleiche Macht unterstellt, die sie für ihre Zwecke nutzen würden. In dieser verdrehten Logik wird jeglicher Zufall geleugnet – alles, was geschieht, wird von Verschwörungsideolog*innen als absichtsvolle Maßnahme einer kleinen Gruppe gewertet, die mit ihrer übermenschlichen Kontrolle jegliche Vorgänge steuern würden: Kriege und andere große Katastrophen genauso wie Verkehrsunfälle, Demonstrationen oder die Haltbarkeit des heimischen Druckers.

Doch wer genau soll diese verschworene Gruppe sein? „Cui Bono?" – „Wer profitiert?" ist eine gern genutzte Floskel von Verschwörungsideolog*innen.[2] Zum Beispiel: *Wer profitiert von Krankheiten? Die Pharmaindustrie.* Aus diesem Ansatz heraus gibt es etliche Verschwörungsfantasien über Krankheiten, die angeblich im Reagenzglas gezüchtet wurden und mit Absicht verbreitet worden wären. Das stimmt nicht. Es handelt sich hier um einen simplen Fehlschluss. Nur weil ich davon profitiere, dass die Lehrerin krank geworden ist (weil die Klassenarbeit dadurch verschoben wird), heißt das nicht automatisch, dass ich sie krank gemacht habe.

In Verschwörungsfantasien begegnen uns immer wieder dieselben angeb-

---

2 Menschen, die tief im Strudel der Verschwörungsfantasien „gefangen" sind, werden nachfolgend als Verschwörungsideolog*innen bezeichnet. Bei ihnen ist das Verschwörungsdenken als ideologisch zu werten, weil die Annahme einer Verschwörung stets die Prämisse aller Gedanken ist.

lichen Verschwörer*innen, zum Beispiel CIA, Mossad, Illuminati, Freimaurer, Aliens, „die Regierung" oder auch „die Juden". Die sogenannte „jüdische Weltverschwörung" nimmt eine besondere Rolle bei Verschwörungsfantasien ein und ist auch einer der Gründe, warum dieses Phänomen so eng mit Antisemitismus verknüpft ist. Mehr dazu ab Abschnitt 3.

2.3 Beweis doch erst mal, dass es nicht stimmt!

Das Internet ist prall gefüllt mit angeblichen „Beweisen" für die haarsträubendsten Verschwörungsfantasien. Das wird schnell unfreiwillig komisch. Zum Beispiel, wenn Beatles-Fans die Albumcover der Band so überinterpretieren, dass sie darin versteckte „Beweise" erkennen, nach denen Paul McCartney 1966 verstorben und durch einen Doppelgänger ersetzt worden sei. Ganz egal, wie oft die Bandmitglieder schon beteuerten, dass diese Behauptung Unsinn ist und erklärten, was sie sich bei den Albumcovern wirklich gedacht haben – die Verschwörungsfantasie hält sich hartnäckig.

Der Glaube an Verschwörungen ist ja nicht völlig aus der Luft gegriffen – schließlich hat es in der Geschichte immer wieder Verschwörungen gegeben, von denen wir wissen, weil sie letztlich aufgedeckt wurden (zum Beispiel die Dreyfus-Affäre[3]). Die These einer Verschwörung (Verschwörungshypothese) aufzustellen, ist also noch nicht zwingend problematisch. Noch immer gibt es ungeklärte Ereignisse, die Hinweise für eine Verschwörung liefern. Wie also können wir legitime Verschwörungshypothesen von gegenstandslosen Verschwörungsfantasien unterscheiden?

Indem wir einen Blick auf die sogenannten „Beweise" und Quellen werfen, denn hier offenbart sich der Unterschied zwischen wissenschaftlichen Theorien und ideologischem Verschwörungsglauben. Folgender problematischer Umgang mit „Belegen" ist kennzeichnend für Verschwörungsfantasien.

- *Quellen drehen sich im Kreis:* An Texten (egal ob online oder offline), sich oftmals große Fußnotenapparate, die ihnen ein wissenschaftliches Antlitz verleihen. Wer den Quellenverweisen akribisch folgt, wird irgendwann ernüchtert feststellen, dass diese sich im Kreis drehen: Quelle 1 verweist auf Quelle 2, Quelle 2 auf Quelle 3 und Quelle 3 wieder auf Quelle 1.

3 1894 wurde der französische, jüdische Artillerie-Hauptmann Alfred Dreyfus wegen Landesverrat verurteilt, obwohl er seine Unschuld beteuerte. Fünf Jahre später kam es schließlich zu seiner Begnadigung, nachdem bekannt wurde, dass es eine Verschwörung gab und Beweise gegen ihn fingiert wurden.

- *Keine Beweise als Beweis:* In der Argumentationslogik der Verschwörungsideolog*innen äußert sich die angebliche Macht der Verschwörer*innen in der guten Verschleierung ihrer Machenschaften. Fehlende Beweise werden also zum Beweis für das Ausmaß der Verschwörung verdreht. Kritiker*innen werden wahlweise als naiv oder als Teil der Verschwörung abgetan. Wichtig zu wissen: Es ist unmöglich zu beweisen, dass es Dinge nicht gibt (z. B. Big Foot, Gott oder das Fliegende Spaghettimonster).
- *Asymmetrie*: Entgegen aller wissenschaftlichen Standards werden Anhaltspunkte, die für bzw. gegen die Verschwörung sprechen, nicht gleichberechtigt gewürdigt – stattdessen werden nur die „Beweise" *für* eine Verschwörungsfantasie berücksichtigt.
- *Dogma*: Eine wissenschaftliche Theorie, die sich mit einer Vielzahl an Widersprüchen konfrontiert sieht, reagiert darauf – zum Beispiel, indem weitere Studien angestrengt werden oder die Theorie ggf. verändert oder aufgegeben wird. Dies geschieht bei Verschwörungsfantasien nicht. Die Verschwörung wird hier zum Dogma.

Daraus ergibt sich eine wichtige Frage, die dabei hilft, Wissenschaft von Verschwörungsfantasterei zu unterscheiden: Was müsste geschehen, damit die Anhänger*innen einer Verschwörungshypothese diese als falsch akzeptieren? Während Wissenschaftler*innen darauf eine Antwort geben können, ist das bei Verschwörungsideolog*innen nicht der Fall. Da sie die Verschwörungsfantasie als wahr voraussetzen, machen sie diese unangreifbar gegen jeden Zweifel und Kritik.

2.4 Die Struktur einer Verschwörungsfantasie

Verschwörungsfantasien ähneln sich in ihrer Struktur. Wie in einem klassischen Theaterstück, das immer in fünf Akten aufgebaut ist, gibt es auch hier die immer selben Bausteine: Verschwörungsfantasien versuchen ein Ereignis oder Phänomen zu erklären und ihm einen tieferen Sinn zu geben (z. B. 9/11, Mord an JFK, AIDS usw.). Dafür benutzen sie Verschwörer*innen (z. B. „die da oben"), die mit ihrer unbegrenzten Macht einen ausgeklügelten Plan verfolgen würden oder schon in die Tat umgesetzt hätten. Verschwörungsfantasien werden gestützt durch eine Leugnung von Zufällen und durch Fehlschlüsse oder Leerstellen, die zu angeblichen „Beweisen" verdreht werden.

Wer das Prinzip einer Verschwörungsfantasie verstanden hat, ist auch besser in der Lage, diese von berechtigten Verschwörungshypothesen zu unterscheiden und geht ihnen nicht so leicht auf den Leim.

2.5 Wie ins Thema einführen?

Viele Schüler*innen haben wahrscheinlich sofort Assoziationen, wenn sie den Begriff „Verschwörungstheorie" hören und kennen auch schon die ein oder andere. Lehrkräfte haben die anspruchsvolle Aufgabe, mit diesem Vorwissen zu arbeiten, ohne dass sich dieses verfestigt. Es sollte darum vermieden werden, in das Thema einzusteigen, indem das Vorwissen mündlich abgefragt und zusammengesammelt wird – zumal dadurch bei den Schüler*innen Interesse entstehen wird, mehr über die hervorgebrachten Verschwörungsfantasien zu erfahren. Im Folgenden finden sich darum zwei Varianten von Übungen, wie ein Einstieg gelingen kann, ohne das verschwörungsfantastische Wissen festzuklopfen.

Übung B: Wie leichtgläubig bist du?

Die Lehrkraft beginnt die Unterrichtsstunde mit einer Verschwörungsfantasie im Zusammenhang mit der Schule, z. B. dass eine Lehrkraft das System gehackt und allen unliebsamen Schüler*innen schlechte Noten eingetragen hätte, die später aufgeklärt wird. In der Reflexion zeigt sich, wie viele die angebliche Verschwörung für wahr gehalten haben. Auf dieser Grundlage ist eine Auseinandersetzung mit den Prinzipien der Verschwörungsfantasien gut möglich.
Als Orientierung für die individuelle Ausarbeitung dieser Übung kann folgendes Beispiel von „so geht MEDIEN" dienen: https://www.br.de/sogehtmedien/stimmt-das/wilde-theorien/ unterrichtsmaterial-unwahrheiten-wilde-theorien-stundenablauf-100.html

Übung C: Gedanken konservieren

Um die Assoziationen einzusammeln, die in den Köpfen der Schüler*innen zum Thema Verschwörungsfantasien existieren, empfiehlt es sich, mit einer Verschwörungsbox einzusteigen. Die Schüler*innen bekommen Zeit, um auf kleine Zettel „Verschwörungstheorien" (zu diesem Zeitpunkt sollte noch mit dem geläufigen Begriff gearbeitet werden) zu schreiben, von denen sie schon mal gehört haben. Damit ist das Vorwissen gesammelt, hat aber noch keinen Einfluss auf den Unterricht. Die Lehrkraft wertet das Ergebnis später aus und macht z. B. in einem Diagramm deutlich, welche Verschwörungsfantasien am bekanntesten in der Klasse sind. Sobald die Schüler*innen mehr über Verschwörungsfantasien wissen, kann ein gemeinsamer Blick aufs Ergebnis der Verschwörungsbox geworfen und inhaltlich bearbeitet werden. Zum Beispiel mit der Frage: Wie viele der Verschwörungsfantasien ha- ben antisemitische Anknüpfungspunkte?

3 Ein Blick in die Geschichte

Verschwörungsfantasien begleiten die Menschen seit Jahrtausenden. Eines der ältesten belegten Vorkommen ist die Bezichtigung der Christ*innen durch Nero, sie hätten Rom in Brand gesteckt. Die junge Religionsgruppe – damals als jüdische Sekte geltend – wurde vom römischen Kaiser unerbittlich verfolgt, nachdem er sie der Brandstiftung beschuldigte. Heute gibt es wiederum die Verschwörungsfantasie, dass Nero selbst Rom angezündet hätte, um die unerwünschte, christliche Bevölkerung verfolgen zu können (Cui-Bono-Prinzip). Nichts davon lässt sich sicher nachweisen, Stadtbrände passierten zu dieser Zeit oft auch ganz aus Versehen. Dieses Ereignis zeigt jedoch ganz deutlich: Als Verschwörer*innen werden gern jene Menschen präsentiert, die einer unliebsamen Gruppe angehören. Dies trifft unter anderem auf Minderheiten zu, wie es seit Jahrtausenden die Jüdinnen und Juden weltweit sind. Entsprechend sind Verschwörungsfantasien, die sich gegen jüdische Mitmenschen richten, ebenso alt (und leider auch langlebig).

Tatsächlich ist es aber insgesamt so, dass Verschwörungsfantasien im Mittelalter seltener anzutreffen waren als in späteren Zeiten, da viele nicht verstandene Dinge schlicht mit Gott erklärt wurden. Mit Rückgang der Gläubigkeit wurden Erklärungslücken mit anderen Fantasien geschlossen.

Es empfiehlt sich, im Unterricht geschichtliche Ereignisse rund um Verschwörungsfantasien zu behandeln, damit die Schüler*innen ein Gefühl für die historischen Traditionen und Dimensionen bekommen.

Übung D: „An allem sind die Juden schuld"

Im Jahr 1931 schrieb Friedrich Holländer das satirische Chanson „An allem sind die Juden schuld" (online unter: https://www.you-tube.com/watch?v=uf9tNr6QF1 g).
Er trieb hier die Fantasie der „jüdischen Weltverschwörung" auf die Spitze: In den Strophen werden Lappalien des Alltags auf- gezählt und dafür „die Juden" beschuldigt. Nur wenige Jahre später sah sich Holländer gezwungen, Deutschland zu verlassen, weil er wegen seiner jüdischen Herkunft nicht mehr sicher war. Das Lied eignet sich dafür, um über das Prinzip Sündenbock zu sprechen und darüber, wie verbreitet antisemitische Verschwörungsfantasien in der Gesellschaft waren. Wichtig für die Verwendung dieses Liedguts ist, dass die Schüler*innen Vorwissen über den Themenkomplex besitzen, damit der Text nicht falsch verstanden werden kann.

3.1 Pest und Brunnenvergiftung

Rund 1000 Jahre nach Nero, im Mittelalter, spielten Verschwörungsfantasien gleich mehrfach eine wichtige Rolle. Als die Pest Europa heimsuchte, 1347 bis 1353, fühlte sich ein großer Teil der Menschen von Gott verlassen. Der Tod war überall, ein Drittel der europäischen Bevölkerung wurde dahingerafft und es gab keine gute Erklärung, warum. In Katastrophen- und Krisenzeiten haben es Verschwörungsfantasien besonders leicht (das war früher so und ist es heute noch). In eben jener katastrophalen Zeit der Pest verbreitete sich das Gerücht, die Jüdinnen und Juden würden durch Brunnenvergiftung die tödliche Seuche unter die Menschen bringen. In Savoyen (Frankreich) mündete diese Verschwörungsfantasie 1348 in einer Anklage gegen einige Juden mit dem Vorwurf der Brunnenvergiftung, unter Folter gestanden sie ihre Schuld. Die Nachricht über diese Geständnisse fand in ganz Europa Verbreitung und löste tödliche Verfolgungen und Hetzjagden auf jüdische Mitmenschen aus.

Wir finden diese Verschwörungsfantasie über Juden und Jüdinnen, die Wasser vergiften würden, noch heute: 2016 behauptete Mahmud Abbas (Präsident der palästinensischen Autonomiebehörde), dass Rabbiner von der israelischen Regierung gefordert hätten, Wasser zu vergiften, um Palästinenser*innen zu töten. Damals wie heute handelt es sich hierbei um eine Lüge.

3.2 Kindermord und Pessachfest

Bereits 200 Jahre vor dem Ausbruch der Pest, im Jahre 1144, verbreitete sich von England aus eine weitere Verschwörungsfantasie, die bis heute nachwirkt: die sogenannte Ritualmordlegende. Ausgangspunkt war die Ermordung eines kleinen Jungen in Norwich und seine Mutter, welche eine Erscheinung im Traum hatte, die eine jüdische Täterschaft behauptete. Daraus entwickelte sich die Verschwörungsfantasie, jedes Jahr zum Pessachfest würden entführte oder gekaufte Kinder geopfert, um die Christenheit zu verhöhnen. Die Anklage im ursprünglichen Fall wurde schnell wegen Mangel an Beweisen fallen gelassen – unzählige jüdische Todesopfer überall in Europa waren dennoch die Folge.

Auch dieses Verschwörungsfantasie wirft ihre Schatten auf die Gegenwart. Sie äußert sich in der gängigen antiisraelischen Parole „Kindermörder Israel“, wie sie zum Beispiel bei Demonstrationen immer wieder zu vernehmen ist.

3.3 Französische Revolution und Illuminati

Um die Französische Revolution rankten sich schnell diverse Verschwörungsfantasien. Hier taucht erstmals der bis heute immer wieder in Stellung gebrachte Illuminatenorden auf. Dieser bot sich besonders zu Fantastereien an, da es sich um einen tatsächlichen Geheimbund handelte, der radikaldemokratische Umwälzungen plante. Dieser wurde allerdings erwiesenermaßen schon Jahre vor der französischen Revolution zerschlagen – ein Grund, warum seine Pläne so im Detail bekannt werden konnten. Gründer des Illuminatenordens war Adam Weishaupt. Noch heute taucht sein Name im Zusammenhang mit Verschwörungsfantasien immer wieder auf. Sein Engagement wird dabei zum „Beweis" für eine „jüdische Weltverschwörung" verdreht. Doch was soll das eigentlich sein?

4 Antisemitismus und Verschwörungsfantasien

Der Blick in die Vergangenheit hat schon wichtige Hinweise darauf geliefert, warum das Thema Verschwörungsfantasien so eng mit Antisemitismus verknüpft ist. Um die Verwobenheit vollends zu begreifen, braucht es allerdings einen Abstecher in die jüngste Geschichte, die bis heute deutliche Schatten wirft.

4.1 Die Mär einer „Jüdische Weltverschwörung"

Schon seit langer Zeit gibt es die Fantasie einer sogenannten „jüdischen Weltverschwörung", laut der eine kleine Gruppe Juden im Verborgenen agieren und ganz allein die Geschicke der Welt steuern würde – alles Übel der Erde ginge von dieser geheimen Gruppe aus. Weitläufig bekannt wurde diese Verschwörungsfantasie durch eine Schrift, die sich um 1900 in ganz Europa wie ein Lauffeuer verbreitete: „Die Protokolle der Weisen von Zion". Bis heute kann nicht mit voller Sicherheit gesagt werden, wer genau dieses Pamphlet verfasst hat – allerdings ist bekannt, aus welchen anderen literarischen Texten sich der Autor damals bedient hat und auch welche Personen und Institutionen die Verbreitung der „Protokolle" aus antisemitischen Gründen gezielt förderten. Der Text gibt sich den Schein, als sei er von einer kleinen Gruppe mächtiger Juden (den „Weisen von Zion") verfasst, die in geheimen Treffen Pläne schmieden würden, wie sie die Welt kontrollieren könnten. Im Wind des aufkommenden Antisemitismus dieser Zeit verbreiteten sich „die Protokolle" rasend schnell über viele Landesgrenzen hinweg. In den 30er-Jahren sorgten die Nationalsozialist*innen massiv für die Verbreitung im deutschsprachigen Raum und streuten das Narrativ der „Jüdischen Weltverschwörung" ganz bewusst. Juden und Jüdinnen wurden auf diese Weise für alles verantwortlich gemacht, was die Nationalsozialist*innen als gesellschaftliches Problem ausmachten, z. B. Feminismus, Kommunismus oder Kapitalismus. „Der Jude" wurde zu einer bösartigen, diabolischen Figur stilisiert, die als Gegenspieler zum ehrenhaften, guten „Arier" fungierte, und – so behaupteten die Antisemit*innen dieser Zeit – mit ihren verborgenen Machenschaften die Gesellschaft von innen zerstören würden. Dieses antisemitische, verschwörungsfantastische Weltbild liefert die Grundlage für die mörderischen Verbrechen der Deutschen an den Jüdinnen und Juden im Nationalsozialismus.

4.2 Geld und Macht und Judentum

Es ist ein höchst problematisches Klischee, das tief in unser kulturelles Gedächtnis eingeschrieben ist und bis heute ständig reproduziert wird – das Klischee der reichen, mächtigen Juden und Jüdinnen. Für Lehrkräfte stellt dieser Vermittlungsgegenstand eine ganz besondere Herausforderung dar. Warum? Das Leben jüdischer Menschen nimmt nur einen geringen Raum als Vermittlungsgegenstand in der Schule ein. Wenn über Jüdinnen und Juden gesprochen wird, dann meist in einem negativen bzw. problembeladenen Kontext (Holocaust, Pogrome, Ausgrenzung in den mittelalterlichen Städten etc.). Jüdische Menschen werden darum im Schulunterricht kaum als Akteur*innen erlebt, mit all ihren Beiträgen zu Kultur und Gesellschaft, sondern viel mehr als Opfer. Gar lernen Kinder und Jugendlichen die jüdischen Mitmenschen der Vergangenheit nur aus der problematischen Perspektive ihrer Peiniger kennen (z. B. über antisemitische Zeichnungen oder Geschichten). So wichtig es ist, die antijüdischen europäischen Traditionen kennenzulernen und damit auch Zusammenhänge der Gegenwart zu verstehen, so wichtig ist auch, dass den Schüler*innen eine unbeschwerte kognitive Verbindung zum Judentum ermöglicht wird.

Besonders beim Themenkomplex Geld und Macht und Judentum gibt es viele Fallstricke, die zu keinem wünschenswerten Lernergebnis führen, sondern Vorurteile und Klischees verfestigen. Die klassische verkürzte Erzählung lautet so: *Da es im Christentum verboten war, Zinsgeschäfte zu tätigen und der jüdischen Bevölkerung viele Berufe nicht gestatten wurden, begannen jüdische Familien sich mit Handel und Geldgeschäften zu verdingen. Deswegen gab und gibt es viele reiche Juden und Jüdinnen und sie sind seit jeher eng mit Geld und*

Wirtschaft verknüpft. Was auf dieser Grundlage häufig vermittelt wird, ist das Klischee von „reichen jüdischen Geldleiher*innen“ auf der einen und der „verarmten nichtjüdischen Bevölkerung“ auf der anderen Seite mit einem historischen Unterbau, aber ohne wichtige Differenzierung.[4] Dieses Problem betrifft den gesamten Schulunterricht. Es braucht umfassende Gegenstrategien. Die folgende Übung E soll eine Möglichkeit aufzeigen, die vielfältigen Lebenssituationen von Juden kennenzulernen.

Übung E: Jüdische Vielfalt begreifen

Es gibt ein informatives Onlineprojekt von dem „Museum Judengasse“, Frankfurt am Main (http://www.judengasse.de/dhtml/ bindex.htm). Die Judengasse war ein jüdisches Ghetto, das ab dem 15. Jahrhundert existierte. Auf der Museums-Homepage finden sich umfangreiche Informationen zum Leben in der Judengasse durch die Jahrhunderte. Unter anderem werden dort die vielen verschiedenen Berufe gesammelt, die von den jüdischen Bewohner*innen des Ghettos ausgeübt wurden. Die Seite eignet sich wunderbar, um das Bild der Juden und Jüdinnen, die ausschließlich in Geldgeschäften tätig waren, aufzubrechen. Die Schüler*innen erhalten einen Rechercheauftrag, den sie in Einzel- oder Gruppenarbeit umsetzen müssen, und haben so Gelegenheit, sich durch die Homepage zu klicken. Folgende Rechercheaufträge sind denkbar:

- Suche einen Beruf, von dem du noch nie gehört hast, und finde heraus, wie der Berufsalltag der Menschen damals war
- Suche dir eine Familie aus und recherchiere, welche Berufe, in dieser Familie ausgeübt wurden – was kannst du über die Berufe in dieser Zeit in Erfahrung bringen?
- Klicke dich durch die verschiedenen Berufe, welche die Be- wohner*innen der Judengasse ausgeübt haben – welchen hättest du gern gemacht und welchen überhaupt nicht?

4 Nichtsdestotrotz braucht es ein Verständnis dieser uralten Verknüpfung, um zu begreifen, warum so vielen Verschwörungsfantasien eine jüdische Verschwörung innewohnt und was das Problematische daran ist: Juden und Jüdinnen wären fast alle reich und dieser Reichtum würde ihnen Macht verleihen – sie könnten Politik, Wirtschaft usw. mit ihrem Geld und Netzwerken völlig uneingeschränkt steuern. Der jüdische Familienname Rothschild ist praktisch zur Metapher für diese Verschwörungsfantasien geworden – an etlichen Stellen wird die Bankiersfamilie zur Drahtzieherin des Übels der Welt fantasiert.

4.3 Versteckter Antisemitismus

Besonders in der Welt der Verschwörungsfantasien finden sich viele Begrifflichkeiten, die zum Repertoire der antisemitischen Umwegkommunikation gehören. Da es nach 1945 nicht mehr überall gesellschaftsfähig war, Antisemitismus ungehemmt zu verbalisieren, entwickelten sich seitdem neue Codes und Chiffren, die jedoch denselben antisemitischen Ursprung haben. Dazu gehört zum Beispiel auch die Verlagerung des Hasses auf Israel oder den Zionismus. Umschreibungen wie „Rothschild-Imperium“ anstelle von „jüdischer Weltverschwörung“ deuten schon darauf hin, dass es viele Wege gibt auf dasselbe Gedankenkonstrukt anzuspielen, dadurch die Problematik aber nicht für alle sofort sichtbar wird. Für Lehrkräfte ist es zum einen wichtig, Begrifflichkeiten zu erkennen, die umgeleiteten Antisemitismus bergen, zum anderen gehört die Vermittlung dieser antisemitischen Verweise zur Grundlage, um begreifen zu können, wie oft Verschwörungsfantasien mit antisemitischen Ideen verknüpft sind. Darum an dieser Stelle eine kleine Sammlung entsprechender Akteur*innen, die in Verschwörungsfantasien vorkommen und als antisemitische Anspielungen und Codes verstanden werden müssen:

- Hochfinanz
- Ostküste (Verweis auf die Banken in New York)
- Wall Street
- Israel-Lobby
- ZOG (Zionist Occupied Government)
- NWO (New World Order)
- Erfüllungspolitiker*innen (als Marionetten der „jüdischen Weltverschwörung“)
- Bilderberger
- Rothschild
- Soros

Eine umfassende Sammlung antisemitischer Begriffe, die in verschwörungsfantastischen Zusammenhängen auftreten, zusammengestellt von der Amadeu Antonio Stiftung, findet sich online unter: https://www.amadeu-antonio-stiftung.de/ verschwoerung/trends-und-dauerbrenner-der-verschwoerungsideologien/.

Übung F: Verschwörungsfantasien und Antisemitismus

Bei diesem Beitrag „Der kleine Mann beim Kongress des Kopp-Verlags“ von NDR Extra3 interviewt ein Mann einige Besucher*innen auf der Veranstaltung (online unter: https://www. youtube.com/watch?v=nmB1Ao146vY). Hier wird erschreckend deutlich, wie schnell die antisemitischen Verschwörungsfantasien der Befragten zutage treten und wie unverblümt sie diese aussprechen. Der Clip kann gemeinsam mit der ganzen Klasse angeschaut werden. Die Schüler*innen sollen währenddessen aufschreiben, welche Verschwörer*innen (Merkel/Gabriel, Amerika, Juden, Rothschild, Obama, Illuminati) in dem Video genannt werden. Anschließend wird in Gruppen besprochen, welche Verschwörer*innen vorkommen und welche davon in einem antisemitischen Zusammenhang stehen. Eine andere Aufgabe könnte sein, die Buzzwords aus dem Video zu filtern, welche von den Interviewten benutzt werden, die antisemitisch aufgeladen sind (Marionetten, Juden, Rothschild, Illuminati, 4 Leute, die über alles bestimmen).

4.4 Aktualität

Ein zentrales Datum für die Beschäftigung mit Verschwörungsfantasien ist der 11.09.2001. Um den islamistisch motivierten Terroranschlag auf das World Trade Center und das Pentagon ranken sich unzählige Mythen, es wurden etliche Bücher geschrieben und Videos veröffentlicht, die eine Beteiligung der amerikanischen Regierung und der israelischen Geheimdienste belegen sollen. Die vorgeblichen Beweise zerschlagen sich bei genauerem Hinsehen eindeutig – dennoch halten auch in Deutschland Umfragen zufolge 23 Prozent die amerikanische Regierung für die Urheberin der Anschläge. Diese Zahlen zeigen, dass Verschwörungsfantasien in der breiten Bevölkerung verbreitet sind. Gleichzeitig machen diese Verschwörungsfantasien um 9/11 deutlich, dass antisemitische Erklärungsversuche für aktuelle Phänomene noch lang nicht verschwunden sind.

5 Medienkompetenz

Das Internet ermöglicht Jung und Alt einen Zugang zu Informationen, wie nie zuvor gekannt. Gleichzeitig entstehen online Informationsdynamiken, die mit nichts aus der Vergangenheit verglichen werden können. Wir alle müssen lernen, damit umzugehen und Nachrichten richtig einzuordnen. Quellenrecherche und -kritik gehört darum unbedingt in den Schulunterricht. Mediennutzung darf vor allem nicht nur theoretisch besprochen werden, sondern muss ein Teil der Lernerfahrung werden. Das ist auch der Grund, warum in den hier vorgestellten Übungen zu einem Großteil mit Onlinemedien gearbeitet wird.

Überhaupt ist es für eine nachhaltige Lernerfahrung von Bedeutung, nicht in der Theorie zu verharren, sondern einen Bezug zu Alltag und Praxis herzustellen. Besonders bei so kritischen Themen wie Verschwörungsfantasien braucht es dafür ein hohes Maß an Kompetenz, damit die Lernerfahrung nicht genau das Gegenteil bewirkt, wie vorgesehen. Es ist darum notwendig, selbst gut vorbereitet zu sein und typische Fehlschlüsse zu (er)kennen und ihnen gut begegnen zu können. Dies ist auch ein guter Moment, die eigene Mediennutzung auf den Prüfstand zu stellen.

Übung G: Lügen im Internet erkennen

Das Video „Lügen im Internet erkennen" (online unter https:/www.youtube.com/watch?v=8v0WeoDRt3Y&index=4&list=PLnQD8S3ip13zD8sJlj_uMCmZznJAV7c64) des Projekts „so geht MEDIEN" gibt wichtige Hinweise darauf, worauf geachtet werden muss, um die Seriosität einer Online-Quelle zu überprüfen. Anhand dessen können Schüler*innen in Kleingruppen selbst problematische Beiträge untersuchen und feststellen, warum diese nicht vertrauenswürdig sind. Solche finden sich zum Beispiel auf einschlägigen Facebookseiten wie Killuminati. Wichtig ist, eine solche Übung erst anzuwenden, wenn die Klasse schon gut geschult in dem Thema ist und genügend Vorwissen besitzt, um mit dem falsch dargebotenen Wissen gut umgehen zu können. Außerdem wichtig: Nicht die Schüler*innen auf solchen Verschwörungsseiten wie Killuminati surfen lassen, sondern selbst vorher passende Bei- spiele heraussuchen, die dann konkret bearbeitet werden können.

Übung H: Wie sich Lügen im Netz verbreiten

Dieses Video namens „Wie sich Lügen im Netz verbreiten" (auch vom Projekt „so geht MEDIEN", online unter: https://www.you- tube.com/watch?v=1apU_sf0gp4) zeigt sehr anschaulich, welche Dynamik Lügen im Internet entwickeln. Es bietet sich an, dieses Video mit der gesamten Klasse anzuschauen und mit einer Rechercheübung zu kombinieren. Um zu begreifen, wie viele dieser FakeNews ständig im Netz die Runde machen, hilft ein Blick auf die Seite https://hoaxmap.org/. Ein entsprechender Rechercheauftrag könnte folgendermaßen lauten: Suche bei Hoaxmap.org eine widerlegte Lüge heraus und forsche anschließend über eine Suchmaschine nach dieser Lüge im Internet. Sind noch immer (viele) Seiten online, die diese verbreiten? Was sind das für Medien?

6 Wie mit Verschwörungsfantasien umgehen?

Verschwörungsfantasien gehören zum Alltag, entsprechend begegnen wir ihnen auch in der Schule. Früher oder später werden alle Lehrkräfte mit der ein oder anderen verschwörungsfantastischen Aussage von Schüler*innen konfrontiert sein. Es gibt ein paar wichtige Grundsätze für den Umgang mit diesen Inhalten und den Menschen, die sie verbreiten. Im Folgenden wurden diese Grundsätze (nach Jan Rathje 2015) auf die besondere Rolle angepasst, in welcher Lehrkräfte sich befinden.

- **Kein dualistisches Weltbild befördern:** Verschwörungsfantasien können besonders leicht an einer Denkschule andocken, die die Welt vereinfacht in Gut und Böse teilt, statt Facetten herauszuarbeiten, Widersprüche anzuerkennen und auszuhalten. Darum ist es wichtig, ein Gut-Böse-Schema im Unterricht zu vermeiden und verschiedene Perspektiven nebeneinander stehen zu lassen.
  Auch beim Umgang mit Menschen, die Verschwörungsfantasien verbreiten, sollte darauf geachtet werden, hier nicht „Verrückte" gegen „Normale" in Stellung zu bringen. Wir alle können durch Fehlinformationen zu falschen Schlüssen kommen – im Optimalfall wird vermittelt, wie wichtig es ist, die eigenen Quellen und Informationen immer wieder kritisch zu prüfen und Ansichten notfalls zu revidieren
- **Menschenfeindliche Inhalte offenlegen:** Sollten im Unterricht/in den Pausen Verschwörungsfantasien verbreitet werden, so muss das von Lehrkräften aufgegriffen werden. Bei einer Thematisierung darf es nicht darum gehen, sich in Details zu verlieren, sondern es muss der menschenfeindliche Inhalt der Verschwörungsfantasie herausgearbeitet werden (Antidemokratischer Gesellschaftsentwurf, Antisemitismus, Direkte Demokratie ohne Minderheitenschutz etc.)
- **Das richtige Mittel wählen:** Satire zielt insbesondere auf Dritte, die durch eine satirische Bemerkung in der Haltung zu Verschwörungsfantasien bekräftigt werden können. Dies kann in vielen Momenten in der Schule angebracht sein, allerdings nicht, wenn ein*e Schüler*in Verschwörungsfantasien äußert. Mittels Satire würde die Person nicht ernst genommen werden, das darf nicht die Arbeitsgrundlage von Lehrkräften sein.
- **Soziale Ächtung vermeiden:** Hier ist im Schulkontext selbstverständlich besonders viel Vorsicht geboten! Es ist wichtig, dass Lehrkräfte eine Haltung einnehmen, an der sich Kinder und Jugendliche orientieren können. Die Ablehnung von Verschwörungsfantasien gehört dazu. Es darf aber auf

keinen Fall dazu kommen, das ein*e Schüler*in für problematische Äußerungen geächtet wird. Alle Menschen (besonders junge) haben Lernchancen verdient – Lehrkräfte haben die Aufgabe, diese zu eröffnen.

- **Fragen als Mittel des Zweifels verwenden**: Diese bieten sich im Schulkontext besonders an, weil Fragen die Jugendlichen nicht ausgrenzen. Mittels Rückfragen (z. B. Wen meinst du, wenn du von *denen* sprichst?) können zum Beispiel antisemitische Elemente leicht aufgedeckt werden.
- **Fakten gegen Fantasien einsetzen**: Dies ist vor allem im Schulkontext sehr wichtig, wenn Verschwörungsfantasien auftauchen! Nicht nur, um die Verbreiter*innen von den Behauptungen abzubringen, sondern um den vielen anderen Zuhörer*innen Gegenerzählungen an die Hand zu geben, an denen sie sich orientieren können. Wichtig: Fakten müssen nicht sofort geliefert werden. Es zeugt von Stärke, Wissenslücken einzugestehen. Lehrkräfte sollten sich, wenn sie nicht gut informiert sind, unbedingt die Zeit nehmen, gut zu recherchieren, bevor sie mit fundierten Fakten und wissenschaftlichen Quellen begegnen. Das Handbuch „Widerlegen, aber richtig!" gibt es hier zum kostenlosen Download: https://www.klimafakten.de/meldung/widerlegen-aber-richtig Debunking (dt. „Entlarven") wird das Mittel genannt, Verschwörungsfantasien mit Fakten zu begegnen – hierfür brauchen die Lehrkräfte meist Recherche. Auf Debunkingseiten (z. B. zum Thema Klimawandel[5], Flüchtlingen[6] und Diversem[7]) sind die entsprechenden wissenschaftlichen Erkenntnisse oft schon zusammengestellt. Beim Besprechen der Fakten mit den Schüler*innen sollte folgendes unbedingt bedacht werden:
  - *Die wesentlichen Fakten prominent wiedergeben*
    Wir können uns alle nur einen Bruchteil dessen merken, was uns erzählt wird. Werden die verschwörungsfantastischen Falschinformationen zu oft wiederholt, bleiben letztlich diese in den Köpfen der Schüler*innen, statt deren Widerlegung. Darum die widerlegten Fakten an erster Stelle nennen und die Verschwörungsfantasien möglichst nicht wiederholen (auch nicht in Überschriften etc.)
  - *Warnung vor verschwörungsfantastischem Inhalt*
    Für die Schüler*innen muss glasklar erkennbar sein, wann während des Debunkings verschwörungsfantastische Inhalte wiedergegeben werden und dass diese eine falsche Wahrnehmung der Welt darstellen. Ohne

5 Zum Beispiel: https://www.klimafakten.de/fakten-statt-behauptun- gen/fakt-ist
6 Zum Beispiel: https://hoaxmap.org/
7 Zum Beispiel: https://dergoldenealuhut.de/

explizite Warnung besteht die Gefahr, dass nur die leicht verständlichen Verschwörungsfantasien im Gedächtnis bleiben. Es bietet sich zum Beispiel ein auffälliges Handzeichen an, das zu Beginn mehrfach verbal erklärt wird oder ein akustisches Signal der Warnung.

– *Gegenerzählungen präsentieren*
  Verschwörungsfantasien dienen meist dazu, Ereignisse mit Sinn zu füllen. Werden solche widerlegt, entsteht eine Erklärungslücke. Damit diese nicht mit anderen verschwörungsfantastischen Fehlinformationen gefüllt wird, braucht es eine nachvollziehbare, alternative Erklärung. Dies sollte bei der Recherche und Vorbereitung des Debunking bedacht werden.

Übung I: Verschwörungsfantasie widerlegen

Eine wertvolle Erkenntnis ist, wie schwer Verschwörungsfantasien eigentlich zu widerlegen sind – egal wie abwegig sie sind. Eine Übung kann sein, eine existierende Verschwörungsfantasie zu widerlegen (es ist unmöglich, wenn die Glaubhaftigkeit jeglicher Beweise angezweifelt wird). Dafür sollte eine Verschwörungsfantasie ausgewählt werden, die im Vornherein unglaubwürdig auf die Schüler*innen wirkt, zum Beispiel die Bielefeld-Verschwörung[8] oder auch die Flacherden-Verschwörung[9]. Dafür finden sich die Schüler*innen in Zweier-Teams zusammen. Sie haben kurz Zeit, sich auf ihre Rollen vorzubereiten. Die Lehrkraft unterstützt das mit Infozetteln, auf denen Verschwörungsfantasie und Faktenlage zusammengefasst sind. Die Schüler*innen suchen sich im Zweier-Team einen ruhigen Ort, an dem sie diskutieren können. Eine Person nimmt die Rolle des/der Verschwörungsideolog*in ein und versucht, ihr/sein Gegenüber von der Verschwörungsfantasie zu überzeugen. Die zweite Person versucht die Behauptungen zu widerlegen und dagegen zu halten. Danach werden die Rollen getauscht. Zurück im Klassenverband folgt ein von der Lehrkraft moderierter Austausch über das Diskussionserlebnis: Konntet ihr die Verschwörungsideolog*innen von ihrem Glaube abbringen? Warum nicht? Wie habt ihr euch dabei gefühlt?

---

8 Diese Verschwörungsfantasie entstand als Internet-Witz und besagt, dass es die Stadt Bielefeld gar nicht gibt, sondern ihre Existenz nur vorgetäuscht werden würde.

9 Laut den Anhänger*innen der Flacherden-Verschwörung ist die Erde keine Kugel, sondern eine Scheibe – sie leugnen konsequent jegliche Wissenschaft, die etwas anderes belegt.

Literatur

Benz, Wolfgang: Die Protokolle der Weisen von Zion. Die Legende von der jüdischen Weltverschwörung. München, 2007.

Gapski, Harald/Oberle, Monika/Staufer, Walter (Hg.): Medienkompetenz. Herausforderung für Politik, politische Bildung und Medienbildung. Bonn, 2017.

Geiger, Wolfgang: Der Anti-Antisemitismus und die Macht der Vorurteile – Erfahrungen eines Lehrers, in Kommune. Forum für Politik – Ökonomie – Kultur (5/2004).

Hadas-Handelsman, Yakov: Applaus für Antisemitismus, in DerTagesspiegel (06.07.2016), online unter: https://www.tagesspiegel.de/politik/eu-rede-von-palaestinenserpraesident-abbas-applaus-fuer-antisemitismus/13840376.html [Abruf: 16.10.2016]

Hepfer, Karl: Verschwörungstheorien. Eine philosophische Kritik der Unvernunft. Bonn, 2016.

Hofstadter, Richard: The Paranoid Style in American Politics and Other Essays. Chicago 1990.

Nirenberg, David: Anti-judaismus. Eine andere Geschichte des westlichen Denkens. München 2015.

Rathje, Jan: Was können wir tun gegen Verschwörungsideologien? Allgemeine Handlungsempfehlungen, in Belltower News (30.09.2015), online unter: http://www.belltower.news/artikel/und-was-k%C3%B6nnen-wir-tun-gegen-verschw%C3%B6rungsideologien-10668 (Abruf: 16.10.2019).

Schwarz-Friesel, Monika: Antisemitismus 2.0 und die Netzkultur des Hasses. Judenfeindschaft als kulturelle Konstante und kollektiver Gefühlswert im digitalen Zeitalter. Ergebnisse der DFG-geförderten Langzeitstudie "Antisemitismus im www". Berlin, 2018.

Schwarz-Friesel, Monika/Reinharz, Jehuda: Die Sprache der Judenfeindschaft im 21. Jahrhundert (Europäisch-jüdische Studien – Beiträge, Band 7). Berlin, 2012.

Überlegungen zum Umgang mit antijüdischen und antisemitischen Karikaturen als (historische) Bildquelle im Geschichtsunterricht am Beispiel von Karikaturen von Philipp Rupprecht und Dieter Hanitzsch

Jennifer Heidtke

1 Bildquellen in Schulbüchern

Für eine umfassende Auseinandersetzung mit dem Thema Antisemitismus ist es unumgänglich, sich sowohl auf textlicher als auch auf bildlicher Ebene mit diesem zu beschäftigen. Das Repertoire an antisemitischen Bildern ist beinahe unerschöpflich und wird nahezu täglich unter anderem durch antisemitische Karikaturen in Zeitungen, Zeitschriften oder auf Social-Media-Kanälen erweitert. Häufig werden antisemitische Karikaturen nicht als solche gedeutet, sondern beispielsweise als „lediglich israelkritisch" oder wie im jüngsten Fall in der Süddeutschen Zeitung (s. unter 3.4.1) als typischer (künstlerischer) Stil des Karikaturisten abgetan. Nicht zuletzt verdeutlichen diese aktuellen Fälle eindrücklich, dass die Kompetenzen, antisemitische Stereotype, Codes und Chiffren erkennen, lesen und decodieren zu können, in der Gesellschaft grundsätzlich fehlen.

Im Zentrum der didaktischen Konzeption von Schulbüchern stehen vermehrt die Kommunikationsgewohnheiten von Schüler*innen. Dabei gilt es, Lehrer*innen Methoden, Instrumentarien und Materialien zu liefern, die es ihnen ermöglichen, die Medienkompetenzen von Schüler*innen zu fördern. Die Verwendung von Darstellungen und Bildquellen[1] ist infolgedessen zum

1 Die begriffliche Differenzierung zwischen Bildern, als eine spezifische Form von Quellenmaterialien, und Darstellungen ist essenziell, um einen angemessen Umgang mit unterschiedlichen Medien ermöglichen zu können. Das maßgebende Unterscheidungskriterium ist das der Zeit: Quellen sind nach Möglichkeit zeitgleich oder zeitnah zu dem Ereignis, über das sie berichten, entstanden. Die Reproduktion von Quellen in Form von

festen Bestandteil des Schulunterrichts und somit auch von Schulbüchern geworden. Folglich ist auch die Ästhetik von Schulbüchern in den Fokus der Schulbuchproduzierenden gerückt. So überrascht es nicht, dass Schulbücher heutzutage nicht mehr nur geschrieben, sondern vielmehr designed werden.[2] Zwar bestehen Schulbücher nach wie vor überwiegend aus Text, doch nehmen Bilder einen wachsenden Raum und darüber hinaus auch neue Funktionen ein – beispielsweise in Form von themeneinleitenden Doppelseiten oder als den Text unterstützende visuelle Elemente. Sie werden vorzugsweise genutzt, um einen gelungenen Einstieg in den Unterricht zu ermöglichen, Vorwissen zu aktivieren oder um Themenschwerpunkte zu visualisieren.

In der Gedächtnis- und Lernpsychologie wird zwischen affektiv-motivationalen und kognitiven Funktionen von Bildern unterschieden.[3] Die affektiv-motivationalen Funktionen beschreiben die Möglichkeit, bei Schüler*innen Interesse zu wecken, Aufmerksamkeit zu fokussieren und Lernprozesse beleben zu können. Der Begriff der kognitiven Funktion bezieht sich hingegen vornehmlich auf die Erinnerungsleistung von Schüler*innen.[4] Allerdings belegen Befragungen[5], die sich mit dem Quellenverständnis von Lehrer*innen und Schüler*innen beschäftigt haben, dass Bilder zwar als anerkannte und etablierte Quellen angesehen werden, ihre Bedeutung gegenüber Textquellen jedoch als deutlich weniger wichtig eingeschätzt wird.[6]

2 Bildquellen im Geschichtsschulbuch

„Bilder übermitteln historisch-politische Botschaften, die aufgrund ihrer Ästhetik über eine enorme emotionale Wirkungskraft verfügen, die für mentale

---

Quelleneditionen oder Bildkatalogen verändert im Übrigen nichts am Quellencharakter, sondern lediglich etwas an ihrer Erscheinungsform. Darstellungen hingegen sind erörternde, interpretierende oder narrative Sinnbildungen, die mit zeitlichem Abstand von heutigen Historiker*innen, Journalist*innen Dokumentarfilmer*innen u. a. hergestellt werden. Vergleichend hierzu: Pandel, Hans-Jürgen, Geschichtsdidaktik. Eine Theorie für die Praxis, Schwalbach/Ts 2013, S. 275, 279.

2 Vgl. Mittnik, Philipp, Holocaust-Darstellungen in Schulbüchern. Deutsche, österreichische und englische Schulbücher im Vergleich, Schwalbach/TS 2017, S. 124.

3 Vgl. Hamann, Christoph, Visual History und Geschichtsdidaktik. Beiträge zur Bildkompetenz in der historisch-politischen Bildung, Berlin 2007, S. 36.

4 Vgl. Hamann 2007, S. 36.

5 Michael Sauer befragte beispielsweise zwischen 2010 und 2011 Lehrer*innen und Schüler*innen zu ihrem Quellenverständnis. Vgl. Mittnik 2017, S. 122.

6 Vgl. Mittnik 2017, S. 122.

Deutungen historischer Vorstellungen als zentral angesehen werden können."[7] Bilder können Emotionen also nicht nur generieren, sie können diese sogar lenken. Die Visualisierung von Geschichte sei demnach als Voraussetzung für „die Entwicklung eines individuellen und kollektiven Geschichtsbewusstseins"[8] anzusehen. Darüber hinaus wird Bildern attestiert, dass sie das Potenzial beinhalten, visuelle Kommunikation über Vergangenes ermöglichen zu können. Diese Kommunikation lasse sich allerdings nicht auf die ästhetische Wirkung, sondern vielmehr auf die ikonographischen Spuren, die Bilder im kulturellen Gedächtnis hinterlassen würden, zurückführen.[9]

Das Potenzial von Bildquellen wird also auch im schulischen Kontext immer stärker wahrgenommen. Trotzdem werden insbesondere bei der Verwendung von Bildquellen in Schulbüchern verschiedene Probleme sichtbar: Abgesehen von der fehlenden Unterscheidung zwischen den Begrifflichkeiten Bildquelle und Darstellung[10], ist vor allem der methodische Umgang zu diskutieren: Es mangelt nicht nur an Methoden und Instrumentarien, die es Lehrer*innen und Schüler*innen ermöglichen angemessen mit Bildquellen arbeiten zu können, sondern auch an Zusatzinformationen. Es fehlen Angaben „zum historischen Kontext, zur allgemeinen Quellenlage und zur Bildurheberschaft, ebenso zur Entstehungsgeschichte, Funktion, Verwendung, Überlieferung, Rezeption und zur heutigen Bedeutung der Dokumente."[11] Auch fehlende Kennzeichnungen von Bildern und Bildausschnitten sind zu kritisieren. So wird es für Schüler*innen unmöglich Zusammenhänge zwischen Autorentexten, Textquellen und Bildquellen erkennen zu können.[12]

Die Auseinandersetzung mit aktuellen Schulbüchern, die in Berliner Schulen in der Sekundarstufe 1 und 2 verwendet werden, sowie einschlägigen wissenschaftlichen Analysen zur Verwendung von Bildquellen im Geschichtsun-

7 Ebd., S. 121.

8 Ebd., S. 122.

9 Laut den Anhänger*innen der Flacherden-Verschwörung ist die Erde keine Kugel, sondern eine Scheibe – sie leugnen konsequent jegliche Wissenschaft, die etwas anderes belegt.

10 Vgl. ebd.

11 Popp, Susanne, Nationalsozialismus und Holocaust im Schulbuch. Tendenzen der Darstellung in aktuellen Geschichtsschulbüchern, in: Paul, Gerhard/Schoßing, Bernhard, Öffentliche Erinnerung und Medialisierung des Nationalsozialismus. Eine Bilanz der letzten dreißig Jahre, Göttingen, 2010, S. 98–115, hier: S. 106.

12 Vgl. Popp 2010, S. 106.

terricht haben verdeutlicht, dass (visueller) Antisemitismus in den wenigsten Fällen im Geschichtsschulbuch ausführlich thematisiert wird.[13]

Grund hierfür ist hauptsächlich, dass dem Thema Antisemitismus weder ein eigenes Kapitel noch ein Teilkapitel gewidmet wird, sondern dass der Terminus lediglich im Kontext des Nationalsozialismus oder der Shoa auftaucht. Antisemitische Bildquellen finden in Geschichtsschulbüchern zwar Verwendung, beispielsweise in Form von Wahlplakaten oder Postkarten. Im Zentrum steht allerdings die Fotografie.[14] Zurückzuführen ist dieser einseitige Fokus auf die Eigenschaften, die dem Medium zugeschrieben werden: Präzision und Wirklichkeitstreue. Nach Roland Barthes sei der natürliche Prozess, der hinter der Entstehung eines Fotos stehe, deshalb von hoher Bedeutung, da er nur das zeige, was in der Vergangenheit tatsächlich einmal existiert habe.[15] Die Bestimmung der Fototheorie „Mimesis und Index", die die Kombination von Realität und Vergangenheit garantieren würde, sei außerdem sowohl für das historiographische Arbeiten als auch für das historische Lernen von großem Wert.[16] Dabei sind allerdings z. B. fehlende Angaben zu Autor*innen oder zu Entstehungskontexten von Fotografien in Geschichtsbüchern zu kritisieren und als problematisch zu betrachten, denn sie machen das Durchführen einer notwendigen vollständigen Quellenkritik durch die Nutzer*innen unmöglich.[17]

---

13 Die stichprobenartige Untersuchung aktueller Schulbücher wurde im Rahmen des Seminars „Antisemitismus: Konfliktfeld Schule" bei Prof. Dr. Samuel Salzborn am Zentrum für Antisemitismusforschung durchgeführt und hat keinerlei Anspruch auf Vollständigkeit. Es galt zu eruieren, ob und inwiefern Antisemitismus als eigenständiges The ma in Schulbüchern, die in Berliner Schulen genutzt werden, thematisiert wird. Dabei hat sich herauskristallisiert, dass Antisemitismus (das gilt auch für visuellen Antisemitismus) lediglich im Geschichtsunterricht im Kontext des Nationalsozialismus aufgegriffen wird. Auch Susanne Popp konstatiert, dass dem Thema Antisemitismus in Schulbüchern im Regelfall kein eigenes Teilkapitel zuteil wird, wodurch die „antisemitische Politik der Nationalsozialisten mit deren Folgen für die jüdische Bevölkerung von den ideologischen Wurzeln über den frühen Terror bis hin zur Eliminierung in einem inneren Zusammenhang" nicht ausreichend dargestellt werden könnte. Vergleichend hierzu: Popp 2010, S. 107.

14 Dies gilt im Besonderen für den Themenbereich des Nationalsozialismus.

15 Barthes, Roland, Die helle Kammer. Bemerkungen zur Photographie, Frankfurt/Main 1985, S. 87, 95, zitiert nach: Hamann, Christoph, Sehepunkte und Bildkompetenz. Zur Ikonografie des Nationalsozialismus im Unterricht, in: Rathenow, Hans-Fred/Wenzel, Birgit/Weber, Norbert H., Handbuch Nationalsozialismus und Holocaust. Historischpolitisches Lernen in Schule, außerschulischer Bildung und Lehrerbildung, Schwalbach/Ts 2013, S. 187–204, hier: S. 194.

16 Vgl. ebd., S. 187.

17 Hamann 2013, S. 187.

3 Überlegungen zum Umgang mit anti-jüdischen und antisemitischen Karikaturen als (historische) Bildquelle im Geschichtsunterricht

Die folgenden Ideen zum Umgang mit antisemitischen Bildern im Geschichtsunterricht sollen Lehrer*innen und Pädagog*innen als Anregung dienen sowie Methoden und Instrumentarien liefern, um „der Komplexität des Vermittlungsauftrages historischer und politischer Inhalte in einem emanzipatorischen und reflektorischen Sinne“[18] gerecht werden zu können.

Da in antisemitischen Darstellungen diskursive Praxis und visuelle Bildsprache oftmals deckungsgleich sind, ist ein besonders sensibler Umgang mit ihnen unumgänglich.[19] Dementsprechend sind für die (pädagogische) Arbeit mit antisemitischen Bildern sowohl didaktische und methodische Sicherheit als auch ein umfassendes Wissen zur Geschichte des Antisemitismus und zu seinen unterschiedlichen Artikulationsformen[20] Voraussetzung. Nicht nur aus didaktischer, sondern auch aus kunsthistorischer Perspektive ist die Kombination von Bild- und Textquellen elementar, um sich mit der Thematik umfangreich beschäftigen zu können. Die Prüfung auf bildliche, textliche oder andere Grundlagen ist für den kunsthistorischen Umgang mit Bildern unumgänglich, denn erst die Ermittlung von Grundlagen und Bezügen (zu denen Parallelen gezogen und Unterschiede bestimmt werden können) ermöglichen eine lückenlose Interpretation. Dies gilt im Besonderen für Karikaturen, da diese oftmals in Texte eingebettet sind – beispielsweise in Zeitungen, Zeitschriften, aber auch in öffentlichen antisemitischen Diskursen, Gesetzen oder Alltagspraktiken.[21]

Darüber hinaus sollten sowohl Bilder als auch Texte für jeden Kontext, jede Fragestellung und jede Zielgruppe neu betrachtet und bewertet werden.[22]

18 Günther, Meike, Der Feind hat viele Geschlechter. Antisemitische Bilder von Körpern. Intersektionalität und historisch-politische Bildung, Berlin 2012, S. 222.

19 Günther bezieht diese Deckungsgleichheit explizit auf den nationalsozialistischen Antisemitismus. Vergleichend hierzu: ebd., S. 218.

20 Antisemitismus wird grundsätzlich in fünf Artikulationsformen differenziert: in den religiös-antijudaistischen, den rassistischen, den sekundären bzw. Schuld abwehrenden, den antizionistischen-antiisraelischen und in den islamischen Antisemitismus. Vgl. Salzborn, Samuel, Israelkritik oder Antisemitismus? Kriterien für eine Unterscheidung, in: Kirche und Israel. Neukirchener Theologische Zeitschrift, 28. Jahrgang, Heft 1/2013, S. 5–16, hier: S. 9.

21 Vgl. Günther 2012, S. 219.

22 Vgl. ebd., S. 217.

Für die Auseinandersetzung mit antisemitischen Bildquellen ist ein analogisierender Zugang als deplatziert zu bewerten.[23]

Stattdessen sollte ein distanzierender und differenzierender Ansatz verfolgt werden, in dessen Zentrum die Dekonstruktion von antisemitischen Stereotypen steht. Wenn Distanz, Irritation oder Differenzierung während der Auseinandersetzung mit antisemitischen Inhalten nicht als Reaktionen bei Schüler*innen entstehen, müssen diese aktiv hergestellt werden.[24]

3.1 Zur antisemitische Karikatur

> „Karikatur übertreibt, verformt, erfindet Phantasiegestalten und tritt damit bewußt in Gegensatz zu gängigen Schönheitsidealen. Die Deformierung einer Person in ihrer äußeren Gestalt sagt etwas über die Qualität des Dargestellten bzw. dessen Fehler. Mißgestalten wirken komisch, weil sie dem Üblichen widersprechen und als Normverletzung erfahren werden – Lächerlichkeit tötet."[25]

Antijüdische und antisemitische stereotypisierende Darstellungen von Juden und Jüdinnen[26], die seit dem Mittelalter in Erzählungen, Witzen, Redensarten, Liedern und Passionsspielen zu finden waren, wurden durch die Entwicklung der Druckgrafik in einer neuen medialen Form präsentiert, vervielfacht, vor allem aber aktualisiert.[27] Dabei folgten die vornehmlich männlichen Autoren und Künstler konsequent einer tradierten, stringenten Vorurteilslogik. Teil der antisemitischen Agitationsstrategie waren negative und verzeichnende Darstellungen, die sich vornehmlich auf Jüd*innen als Angehörige einer Gruppen-

---

23 Ein analogisierender Zugang, der Analogien und Vergleiche zur Gegenwart verdeutlichen oder Lebensweltbezüge herstellen soll, birgt vor allem die Gefahr der Aktualisierung antisemitischer Stereotype.

24 Vgl. Günther 2012, S. 222.

25 Unverfehrt, Gerd, Verformung der menschlichen Figur. Drei Möglichkeiten, in: Bild als Waffe. Mittel und Motive der Karikatur, Langmeyer, Gerhard/Unverfehrt, Gerd/Guratzsch, Herwig/Stölzl, Christoph (Hg.), München 1984, S. 18–90, hier: S. 18.

26 Hier wurde sich dazu entschieden „Juden und Jüdinnen" zu schreiben, da an dieser Stelle nicht von real existierenden Jüd*innen gesprochen wird, sondern von konstruierten Bildern (siehe auch die beiden Formulierungen dieser Art im nächsten Absatz).

27 Vgl. Schleicher, Regina, Antisemitismus in der Karikatur. Zur Bildpublizistik in der französischen Dritten Republik und im deutschen Kaiserreich (1871–1914), Frankfurt/Main 2009, S. 28 f.

minderheit und weniger auf einzelne Personen konzentrierten.[28] Diese Darstellungsweisen begünstigten und verfestigten eine „Vorstellung vom ‚häßlichen Juden', im konkreten wie im übertragenden Sinne."[29]

Dadurch, dass die Karikatur mit abstrakten und autonomen Formmitteln arbeitet, tendiert sie zu einer eigenen „Wirksphäre [...] des Komischen, zu einer ironischen Distanzhaltung und reflektierenden Befragung."[30] Die Darstellung von Juden und Jüdinnen mithilfe karikaturaler Mittel verbleibt stets im Rahmen der Genrezeichnen und ist deshalb besonders geeignet für die Verunglimpfung.[31] Durch die permanente Suggestion ihrer Nähe zum Naturvorbild erhebt die Karikatur den Anspruch, die „Wirklichkeit" darzustellen.[32] Dieser Anspruch wiederum führt dazu, dass Karikaturen eine „Illusion der Wirklichkeitsentsprechung"[33] erzeugen: An die Stelle der Realität rückt hier eine Art alternative Wirklichkeit, die ihre Legitimierung ausschließlich aus überkommenen, unkritisch übernommenen und dadurch verstetigten Klischees bezieht. Karikaturen von Juden und Jüdinnen stellen dabei ein als besonders störend empfundenes Bild der „Wirklichkeit" dar. Durch die weitgehende Kontextungebundenheit tritt insbesondere die Physiognomie als Vermittlerin von antisemitischen Aussagen in den Vordergrund.[34]

Kombiniert wird das diffamierende Erscheinungsbild häufig mit einem düsteren Aussehen sowie einer düsteren Atmosphäre, um so den „[...] Eindruck des Intrigant-verschwörerischen [...], des Undurchdringlichen und Sinistren, von geheimen und geheimbündischen Machenschaften"[35] vermitteln zu können. Kurzum: Jüd*innen werden als vermeintlich zersetzend, hinterhältig und mächtig dargestellt. Dittmar folgert abschließend daraus: „Ein chimärisches Konstrukt erzeugte Wirklichkeit und setzte sich tief gegen alle mögliche Erfahrung fest. Es entstand ein Vorstellungsund Erwartungshorizont jüdischer Erscheinung, den die Bilder, die diesen Horizont erst hervorgebracht hatten, stets aufs neue bestätigen."[36]

---

28 Vgl. Dittmar, Peter, Die antijüdische Darstellung, in: Schoeps, Julius H./Schlör, Joachim (Hg.), Bilder der Judenfeindschaft. Antisemitismus, Vorurteile und Mythen, Augsburg 1999, S. 41–53, S. 49.

29 Ebd., S. 41.

30 Ebd., S. 49.

31 Vgl. Dittmar 1999, S. 49.

32 Vgl. ebd.

33 Ebd., S. 50.

34 Vgl. ebd.

35 Ebd., S. 51

36 Ebd., S. 50

Visueller Antisemitismus setzt sich aus einer Vielzahl an Motiven und Stereotypen zusammen. Zu betonen ist, dass antijüdische und antisemitische Motive und Stereotype überwiegend in Kombination genutzt werden, wodurch gewissermaßen ein verschachteltes antisemitisches Konglomerat entsteht. Im Zentrum stehen dabei vor allem diffamierende sowie dehumanisierende Motive, wie beispielsweise Tiervergleiche, um so assoziierte negative Eigenschaften der Tiere auf Jüd*innen projizieren zu können. Verwendet werden zudem auch das Motiv der Dichotomisierung, bei der hauptsächlich das Judentum dem Germanentum auf „Basis des binären Geschlechtercodes“[37] gegenübergestellt wird[38], oder das Motiv der Feminisierung, das unter anderem durch die „konstruierte geschlechtliche Ambivalenz des jüdischen Mannes“ die „Auffassung von einem anderen ‚jüdischen‘ Körper [transportiert]“[39]. Dabei äußern sich diese Motive in unterschiedlichen antijüdischen, antisemitischen und stereotypisierenden Bildern, beispielsweise in dem Stereotyp des „Ewigen Juden“, das der „Intellektuellen“, das der „Judensau“, das des „jüdischen Körpers“, das der „Jüdin“, das der „jüdischen Weltverschwörung“, das des „Kapitalisten“, das des „Kommunisten“, das des „Mauschelns“, das des „Ritualmordes“, das des „Verräters“ oder das des „Wucherers“.[40]

3.2 Zur Methodik: Die Bildanalyse

Jeder Bildinterpretation geht eine ausführliche Bildbeschreibung voraus. Sie ist das Fundament einer jenen Bildanalyse. Elementar für eine Bildbeschreibung ist nur das wiederzugeben, was tatsächlich gesehen werden kann. So muss im ersten Schritt eine klare Abgrenzung zur Bildinterpretation erfolgen. Hilfreich ist in den meisten Fällen sich vorzustellen, das Gesehene einer Person zu erklären, die das Bild nicht sehen kann. Auch die Benennung von Eckdaten des Werkes ist Teil einer Bildbeschreibung. Gemeint sind hiermit Informationen zu Künstler*innen, zum Entstehungszeitpunkt beziehungsweise -raum, zur Materialität sowie zur Größe des vorliegenden Werkes. Anschließend werden

---

37 Schleicher 2009, S. 59.

38 Diese Dichotomisierungen agieren stets im Rahmen der Geschlechterstereotype und stellen in der Regel das Judentum (verkörpert durch eine männliche Figur) dem Germanentum (verkörpert durch eine weibliche Figur) gegenüber.

39 Schleicher 2009, S. 64.

40 An dieser Stelle wurde eine Auswahl antijüdischer und antisemitischer stereotypisierender Bilder benannt. Für eine ausführlichere Auseinandersetzung mit den einzelnen Bildern ist folgendes Werk zu empfehlen: Schoeps, Julius H./Schlör, Joachim, Bilder der Judenfeindschaft. Antisemitismus, Vorurteile und Mythen, Augsburg 1999.

die Komposition, Darstellungsweisen von Figuren, Beziehungen u. ä. beschrieben.[41] Im Zentrum der Bildinterpretation stehen die ikonographische Ebene, die anhand bildlicher Vorbilder und literarischer Quellen nach dem Bedeutungssinn einzelner Motive sucht, sowie die ikonologische Ebene, die sich der Bestimmung eines kontextuellen Gesamtsinnes widmet. Zu betonen ist, dass die Methodik der Bildanalyse in den vergangenen Jahrzehnten durch eine Vielzahl an Diskursen geprägt wurde, die sich mit unterschiedlichen kritischen Ansätzen und der Einbeziehung unterschiedlicher Kontextualisierungen auseinandersetzen.[42]

3.3 Erstes Beispiel: Philipp Rupprechts „Die Spinne" in Der Stürmer

Ziel der Beschreibung und Interpretation von Philipp Rupprechts Karikatur ist es, bei Schüler*innen die Kompetenz antijüdische und antisemitische Stereotype erkennen, lesen und decodieren zu können, zu fördern. Des Weiteren soll anhand Rupprechts Karikatur Schüler*innen verdeutlicht werden, dass Karikaturisten unterschiedliche antijüdische und antisemitische Stereotype mit-einander kombinierten. Der thematische Fokus liegt auf der Zeit des Nationalsozialismus sowie der antisemitischen nationalsozialistischen Politik und Propaganda.

3.3.1 Bildbeschreibung

Philipp Rupprechts Titelkarikatur „Die Spinne" wurde im Juni 1935 in der 26. Ausgabe in „Der Stürmer. Deutsches Wochenblatt zum Kampfe um die Wahrheit" veröffentlicht – einer antisemitischen Zeitung, die wöchentlich von Julius Streicher herausgegeben wurde. Die Karikatur (Abb. 1) ist eingebettet in einen Artikel, der sich über das Titelblatt und die zweite Seite der Zeitung erstreckt. Sie ist eingerahmt vom Titel des Artikels „Kinderschändung in Amerika. Jud Goldzweig vergewaltigt 22 Schulkinder. Die verjudeten Gerichte wollen nicht

41 Jede Bildbeschreibung sollte stets vom „Großen ins Kleine" durchgeführt werden.

42 Zu den kritischen Ansätzen sind der semiotische und der strukturalistische zu zählen. Der Diskurs um unterschiedliche Kontextualisierungsmöglichkeiten befasst sich unter anderem mit der empirischen Realität, mit symbolischen Systemen oder mit Kommunikationsgemeinschaften als Kontexte sowie mit sozialen und politischen Kontexten oder der Intertextualität. Vergleichend hierzu: Held, Jutta/ Schneider, Norbert, Grundzüge der Kunstwissenschaft. Gegenstandsbereiche – Institutionen – Problemfelder, Böhlau 2007, S. 355 f.

Der Stürmer

Deutsches Wochenblatt zum Kampfe um die Wahrheit

HERAUSGEBER: JULIUS STREICHER

Nummer 26 | Nürnberg, im Juni 1935 | 13. Jahr 1935

Kinderschändung in Amerika

Jud Goldzweig vergewaltigt 22 Schulkinder

Die verjudeten Gerichte wollen nicht hören / Die verjudete Presse schweigt sich aus

Die Spinne

Manch Opfer blieb im Netze hangen / Von Schmeicheltönen eingefangen

Zerreißt das Netz der Heuchelei / Ihr macht die deutsche Jugend frei

Aus dem Inhalt

Die Juden sind unser Unglück!

Abb. 1: Rupprecht, Philipp, Die Spinne, in: Der Stürmer. Deutsches Wochenblatt zum Kampfe um die Wahrheit, Nr. 26, Juni 1935, 12. Jh., Titelseite.

hören / Die verjudete Presse schweigt sich aus“ und dem Aufruf „Die Juden sind unser Unglück!“ in der Fußzeile.

Die Titelkarikatur ist mit „Die Spinne“ überschrieben und mit dem Satz „Manch Opfer blieb im Netze hangen[sic!] / Von Schmeicheltönen eingefangen [/] Zerreißt das Netz der Heuchelei / Ihr macht die deutsche Jugend frei“ unterschrieben. Der schwarze Hintergrund des quadratischen Ausschnittes der schwarz-weiß gehaltenen Karikatur ist überspannt mit einem weißen Spinnennetz. Auf den vier Radialspeichen[43] stehen die Wörter (von links oben nach

43 Radialspeichen führen vom Mittelpunkt eines Spinnennetzes hin zu den Rahmenfäden.

rechts unten) „Schmeichelei“, „Schöntuerei“, „Schmus“ und „Versprechungen“, wobei das Wort „Versprechungen“ durch eine Klaue, der sich in der rechten Ecke des Bildrandes befindlichen karikierten Spinne, die sich an dem Faden festhält, in zwei Wortteile gespalten ist. Vor dem Spinnennetz, beinahe mittig und fast den gesamten Ausschnitt einnehmend, ist eine junge Frau im Dreiviertelprofil in einem bis knapp über die Brust reichenden Ausschnitt dargestellt. Ihr Blick ist auf den rechten Bildrand ausgerichtet. Sie hat kurzes, welliges, blondes Haar und trägt eine schlichte, hochgeschlossene, am Kragen mit einer Schleife versehene, langärmlige Bluse. Sie hat ein leichtes Lächeln auf den Lippen. Aus der rechten Ecke des Bildausschnittes krabbelt eine Spinne auf sie zu, die über einen runden Kopf mit menschlichen Gesichtszügen verfügt. Auf dem schwarzen Hinterleib der Spinne ist ein weißer, beinahe den gesamten Leib einnehmender Davidstern zu erkennen. Die Spinne blickt die junge Frau an und hat ihre beiden vordersten Beine um sie herum platziert. Unten links in der Ecke befindet sich die Signatur des Karikaturisten Philipp Ruprecht, der unter dem Pseudonym „Fips“ für den Stürmer arbeitete.

3.3.2 Bildinterpretation

Rupprecht greift für die Karikatur der Spinne auf den Mensch-Tier-Vergleich zurück und verknüpft tierische mit menschlichen Körperteilen: Dem Unterleib der Spinne wird ein menschlicher Kopf aufgesetzt, der mithilfe stereotypisierender Gesichtsmerkmale als jüdisch markiert wird, um diesen so zu dehumanisieren und zu diffamieren. Die Spinne ist mit einem rundlichen kleinen Kopf, einer langen gekrümmten Nase mit breiten Nasenflügeln, die über den großen mit wulstigen Lippen versehenen Mund ragen und großen Ohren dargestellt. Vergleicht man die karikierte Physiognomie, insbesondere in Hinblick auf die Nase und den Mund, mit Robert Knox’ Beitrag zum zeitgenössischen antisemitischen Diskurs von 1850 (Text 1, s. Anhang) und dem Eintrag in Meyers Konversationslexikon von 1883 (Text 2, s. Anhang) zur „jüdischen Physiognomie“, so sind eindeutige Übereinstimmungen festzustellen.

Die Darstellung des Davidsterns auf dem Unterleib der Spinne markiert sie nicht nur zusätzlich als jüdisch, sondern verdeutlicht, dass diese Spinne das gesamte Judentum verkörpern soll. Der Spinne werden die negativ konnotierten Eigenschaften giftig, gierig, hinterhältig und listig zugeschrieben.[44]44

---

44 Vgl. Döring, Jürgen, Der Mensch-Tier-Vergleich: die Spinne als Zeichen, in: Bild als Waffe. Mittel und Motive der Karikatur, Langmeyer, Gerhard/Unverfehrt, Gerd/Guratzsch, Herwig/Stölzl, Christoph (Hg.), München 1984, S. 238–240, hier: S. 238.

Zudem gilt sie als Sinnbild des bösen Triebes.[45] (Text 3, s. Anhang) Die charakteristischen Eigenschaften der Spinne werden hier eindeutig durch den Mensch-Tier-Vergleich auf „den Juden" beziehungsweise das gesamte Judentum übertragen. Das Spinnennetz dient aber auch als ein Verweis darauf, dass etwas hinfällig oder vergänglich ist. Auch dieses Motiv wird von Rupprecht in der vorliegenden Karikatur verwendet. Der Verweis hierauf wird sichtbar, wenn man die vier Wörter in den Radialspeichen der Karikatur mit dem begleitenden Text in Verbindung betrachtet. So heißt es in der Beischrift: „Manch Opfer blieb im Netze hangen[sic!] / Von Schmeicheltönen eingefangen [/] Zerreißt das Netz der Heuchelei / Ihr macht die deutsche Jugend frei". Die in ihrem Netz sitzende Spinne wartet auf ihre Beute, die arische junge Frau, und versucht sie mit Schmeicheleien und Lügen zu sich zu locken, um sie, die vertretend für das gesamte Germanentum stehen soll, anschließend zu verschlingen. Rupprecht ruft im zweiten Teil des Textes eindeutig dazu auf, das Netz, somit den „Halt" der Spinne, den „Halt" des Judentums, zu zerstören, um so die deutsche Jugend befreien zu können.

Rupprecht bedient sich ebenfalls der antithetischen Gegenüberstellung des entmenschlichten „Judens" und der einfach gekleideten, blonden, schönen, jungen arischen Frau. Diese dichotome Darstellung wird durch einfache künstlerische Mittel wie dem Hell-Dunkel-Kontrast verstärkt. So sind der Hintergrund des Spinnennetzes sowie der Körper der das Judentum verkörpernden Spinne schwarz dargestellt. Die arische, das Germanentum verkörpernde junge Frau hingegen ist hell und lediglich mit schwarzen Konturen dargestellt. Sie hebt sich deutlich vom Hintergrund ab und nimmt aufgrund ihrer Größe und Positionierung im Bildausschnitt eine Bedeutungsebene ein. Sie erscheint als Lichtblick in der sonst düsteren, vermeintlich vom Judentum vereinnahmten Welt. Rupprecht spielt in der antithetischen Gegenüberstellung aber auch mit den Antagonismen „schön und hässlich" sowie „gut und böse". „Der Jude" wird hier als „andersartig", als hässlich diffamiert. Die arische Frau hingegen wird als idealtypisch, rein und unschuldig dargestellt.

Rupprecht verknüpft in „Die Spinne" also das Motiv der Dehumanisierung, umgesetzt mithilfe eines Mensch-Tier-Vergleiches, mit dem Motiv der Dichotomisierung, umgesetzt durch die antithetische Gegenüberstellung des Germanentums und des Judentums. Des Weiteren kombiniert er die diffamierenden Motive mit der Darstellung des Stereotyps des „jüdischen Körpers",

45 Vgl. Kretschmer, Hildegard, Lexikon der Symbole und Attribute in der Kunst, Stuttgart 2011, S. 399 f.

den er durch das Verwenden sogenannter „jüdische Physiognomie“ als solchen kennzeichnet.

3.4 Zweites Beispiel: Dieter Hanitzsch Karikatur in der Süddeutschen Zeitung

Die zweite zu analysierende Karikatur (Abb. 2) von Dieter Hanitzsch wurde am 15. Mai 2018 in der Süddeutschen Zeitung veröffentlicht und hat eine breite öffentliche Debatte um den visuellen Antisemitismus unter Journalist*innen, Leser*innen und Wissenschaftler*innen ausgelöst. Ziel ist es, anhand der Karikatur von Hanitzsch Schüler*innen zu verdeutlichen, dass antisemitische Karikaturen auch heute noch veröffentlicht werden – demnach ein Aktualitätsbezug existiert – und dass unterschiedliche Artikulationsformen von Antisemitismus existieren. Schüler*innen setzten sich anhand der Karikatur sowohl mit aktueller Politik als auch mit Formen des Antisemitismus auseinander, die sich nach dem Zweiten Weltkrieg entwickelt haben.

3.4.1 Bildbeschreibung

MEINUNG Dienstag, 15. Mai 2018, Nr. 110

SZ-ZEICHNUNG: DIETER HANITZSCH

STEREOTYPE

Beim Bäcker in der Schlange

VON MATTHIAS DROBINSKI

Christian Lindner ist nun wirklich kein Ausländerfeind und Rassist; zu Recht aber steht nun der FDP-Vorsitzende im Shitstorm für die Bäckereigeschichte, die er am Sonntag auf dem Parteitag erzählt hat. Er benutzte nämlich eines dieser Alltagsstereotype, die den Leuten bisweilen herausrutschen, wenn sie über Minderheiten reden.

Bäckergeschichte ist dieser Doppelstandard den Vorurteilen der anderen Wartenden geschuldet. Dabei geht sie der Aufenthaltsstatus des vermeintlichen Inders so wenig an wie die Frage, ob der Mann im Anzug ein Betrüger ist. Beim Bäcker können die Leute erwarten, dass niemand drängelt oder ausfällig wird – und dass alle gefälligst ihre Brötchen bezahlen. Der Rest ist Sache des Staates, der Gerichte, der Polizei. Auch ein Mensch ohne lega-

GESUNDHEITSKARTE

Risiken und Nebenwi

VON KRISTIANA LUDWIG

Mit der elektronischen Gesundheitskarte verhält es sich wie mit dem Berliner Flughafen. Das Projekt war – gefühlt – schon immer da, es wird nie fertig, und wenn es mal in den Medien auftaucht, dann immer nur mit einer neuen Katastrophe – oder mit einer Fristverlängerung. Kein Wunder, dass jetzt die Nachricht umhergeistert, die Bundesre-

Abb. 2: Hanitzsch, Dieter, o. A., in: Süddeutsche Zeitung, Nr. 110, 15.05.2018, S. 4

Die schwarz-weiß gehaltene Karikatur von Dieter Hanitzsch wurde am 15. Mai 2018 im Meinungsteil der Süddeutschen Zeitung publiziert. Dargestellt ist ein gefülltes Stadion, in dem, wie die Schrift in den linken Reihen des Publikums verrät, der Eurovision Song Contest stattfindet. Mittig des Bildausschnittes auf der Bühne des Stadions steht ein Mann, der über auffällig stark karikierte Gesichtsmerkmale verfügt, ein kurzes Kleid mit Fledermausärmeln sowie schwarze klobige Stiefel trägt. In seiner rechten Hand hält er eine Rakete auf der ein Davidstern abgebildet ist. In seiner linken Hand hält er ein Mikrofon, in das er folgenden Satz spricht: „NÄCHSTES JAHR IN JERUSALEM!" Am rechten Bildrand ist eine Show-Kanone zu erkennen, die auf den Mann ausgerichtet ist. Um ihn herum liegen leere Blätter oder Papierstreifen. Am rechten unteren Bildrand befinden sich außerdem die Signatur des Karikaturisten Dieter Hanitzsch und das Datum der Veröffentlichung der Karikatur.

3.4.2 Bildinterpretation

Bei der karikierten Person handelt es sich um Benjamin Netanjahu, den amtierenden Ministerpräsidenten Israels. Netanjahu wurde in Anlehnung an die Sängerin Netta Barzilais[46], die beim Eurovision Song Contest Israel vertreten und den musikalischen Wettbewerb gewonnen hat, korpulent und in weiblicher Kleidung dargestellt ist. Die Ähnlichkeiten zwischen dem Kostüm, das Netta trug, und dem Kleid, in dem Netanjahu karikiert wurde, sind besonders auffällig. Der Ministerpräsident wird demnach eindeutig effeminiert dargestellt[47]. Netta und Netanjahu verschmelzen hier gewissermaßen zu einer, das Judentum verkörpernden Figur. Hanitzsch hat sich beim Karikieren der Kleidung von Netanjahu grundsätzlich an die Vorlage (Nettas Kostüm) gehalten. Lediglich das Schuhwerk weicht ab. Dieser feine Unterschied stellt sich bei näherer Betrachtung als wegweisend heraus: Die Stiefel wirken eher klobig und erinnern an die Stiefel, die Soldaten der deutschen Wehrmacht zwischen 1939

46 Abb. zu finden online unter: http://www.faz.net/aktuell/gesellschaft/ eurovision-song-contest/esc-tagebuch-aus-lissabon-7-und-nettawird-s-doch-noch-15587388/platz-1-israel-netta-toy-15587237. html#fotobox_1_5587388, letzter Zugriff: 16.10.2019.

47 Hierbei handelt es sich um ein im 19. Jahrhundert verbreitetes diffamierendes künstlerisches Mittel mit dem verdeutlicht werden soll, dass männliche Juden schwach und gebrechlich seien. Eigenschaften, die im 19. Jahrhundert Frauen zugesprochen wurden. Aus der Kombination von Schönheit, Schwäche und Gebrechlichkeit entstand der Typus des „verweiblichten Juden".

und 1945 trugen[48]. In diesem vermeintlich kleinen und unbedeutenden Detail spiegelt sich die historische Gleichsetzung mit dem deutschen Nationalsozialismus wider.

Nun zum überzeichneten Gesicht von Netanjahu: Vergleicht man Robert Knox' Beitrag zum zeitgenössischen antisemitischen Diskurs von 1850 (Text 1, s. Anhang) und den Eintrag in Meyers Konversationslexikon von 1883 (Text 2, s. Anhang) zur „jüdischen Physiognomie" mit der karikierten Physiognomie Netanjahus, so sind auch hier eindeutige Übereinstimmungen festzustellen: Die Nase ist zwar nicht offensichtlich konvex – also nach außen gewölbt – allerdings ist die Nase überlang, mit breiten Nasenflügeln und einer schmalen Nasenwurzel dargestellt, sodass die Augen sich deutlich nähern. Der Mund ist gespitzt und steht hervor. Darüber hinaus sind die Lippen voll und wulstig dargestellt. Die eher kurze, rundliche Kopfform mit einem eher länglichen und schmal wirkenden Gesicht erinnert an die brachykephale Kopfform[49], die Jüd*innen zugeschrieben wurde. Die in tiefe Falten gelegte Stirn und die spitzen, eckigen Augenbrauen lassen Netanjahu darüber hinaus aggressiv wirken. Auch die Ohren sind, wie häufig in antijüdischen Darstellungen, besonders groß dargestellt.

Der karikierte Ministerpräsident befindet sich in einem Stadion auf einer Bühne. In den linken Reihen des Publikums steht groß geschrieben „EURO[DAVIDSTERN]ISION SONG CONTEST". Der Buchstabe „v" in „Eurovision" wurde durch einen Davidstern ersetzt. In diesem Zusammenhang stellt sich die Frage, weshalb das „v" ausgewechselt wurde. So haben Symbol und Buchstabe weder eine sprachliche noch eine eindeutige erscheinungsbedingte Ähnlichkeit. Der Davidstern, der Teil der israelischen Nationalflagge ist, dient auch hier vorerst dazu, um auf die Gesamtheit des Judentums zu verweisen, ohne dabei konkret auf den israelischen Staat zu rekurrieren, da das Symbol hier losgelöst von der Nationalflagge genutzt wurde. Im Vordergrund steht ein vermeintlich religiöser Verweis auf das gesamte Judentum. Der Austausch des Buchstabens muss aber auch im Hinblick auf das Stereotyp der „jüdischen Weltverschwörung" interpretiert werden. So verweist der Davidstern in dem Wort „Eurovision" darauf, dass sich Jüd*innen (im Sinne des antisemitischen Stereotyps) mittlerweile auch den europäischen Musikpreis angeeignet hätten und spielt auf die angebliche Vision, den vermeintlichen Traum der „jüdischen Weltherrschaft" an.

48 Abb. zu finden online unter: https://www.dhm.de/datenbank/dhm. php?seite=5&fld_0=MI011834, letzter Zugriff: 16.10.2019.

49 Der Begriff Brachycephalie beschreibt die sogenannte Kurzköpfigkeit beziehungsweise Rundköpfigkeit.

In der rechten Hand hält Netanjahu eine kleine Rakete auf der ebenfalls ein Davidstern abgebildet ist. Er – im übertragenen Sinne Israel[50] – wird als Aggressor dargestellt. Ein Hinweis darauf, dass Israel sich lediglich gegen terroristische Angriffe wehrt, fehlt. Ambivalent an der Darstellung ist außerdem, dass die Rakete im Verhältnis zum Rest sehr klein dargestellt wurde, so scheint ihm gleichzeitig Macht und Machtlosigkeit unterstellt zu werden.

Der karikierte Ministerpräsident äußert den Satz „Nächstes Jahr in Jerusalem!" Auf der einen Seite verbirgt sich hinter dem Satz der Verweis auf den möglichen Veranstaltungsort des Eurovision Song Contest 2019 in Israel. Netta, die Gewinnerin des Preises, äußerte bereits am Ende der Sendung den Satz: „Next Year in Jerusalem!" Hierauf nimmt Hanitzsch in seiner Karikatur sicherlich Bezug. Anschließend stellte auch Netanjahu Jerusalem als Austragungsort in Aussicht. Nachdem sich über den Austragungsort eine breite öffentliche Debatte entwickelte, wurde schlussendlich entschieden, dass der Contest in Tel Aviv stattfinden wird.[51] Allein die Überlegung den Euro Vision Songcontest 2019 in Jerusalem stattfinden zu lassen, wurde bereits als Aggression wahrgenommen.[52] Auf der anderen Seite ist der Satz aber auch ein traditioneller und zentraler Ausspruch von Jüd*innen in der Diaspora. Erneut wird auf die Gesamtheit des Judentums verwiesen, indem nicht nur Jüd*innen, die in Israel leben, einbezogen werden, sondern eben auch Jüd*innen, die außerhalb von Israel – in der Diaspora – leben. Somit nimmt Hanitzsch Bezug auf das vermeintlich ewig wandernde Judentum, das nicht sesshaft sei. Die Frage, ob mit dem Satz auf das Stereotyp des »Ewigen Juden« angespielt wird, steht hier also eindeutig im Raum.

Mit den stark verzeichneten Gesichtszügen greift Hanitzsch eindeutig auf die antijüdische Darstellung „jüdischer Physiognomie" zurück. Durch das

---

50 An dieser Stelle ist die Wahrscheinlichkeit hoch, dass Hanitzsch mit dem Verwenden des Davidsterns auf der Rakete auf den Staat Israel statt auf die Gesamtheit des Judentums verweist, da er hier auf die militärischen Verteidigungsstrategien Israels gegenüber terroristischen Angriffen rekurriert, die beinahe tagtäglich medial kritisiert werden.

51 Bemerkenswert ist, dass bereits am 7. September 2018 über 140 Kulturschaffende zum Boykott des Wettbewerbs in Israel aufriefen. Als Grund hierfür heißt es im Aufruf: „Solange die Palästinenser nicht Freiheit, Gerechtigkeit und gleiche Rechte genießen können, sollte es keine Geschäfte mit dem Staat [Israel] geben, der ihnen ihre Grundrechte verweigert". Vgl. Eurovision, Alle Infos zum ESC 2019 in Israel. Online im Internet unter: https://www.eurovision.de/news/ Alle-Infos-zum-ESC-2019-in-Israel,israel936.html, letzter Zugriff: 16.10.2019.

52 In diesem Kontext ist mit hoher Wahrscheinlichkeit auch die Diskussion um die Verlegung der amerikanischen Botschaft zu sehen, die weltweit kritisch beobachtet wurde und als weitere Aggression Israels bewertet wurde.

Aufgreifen des Davidsterns an zwei unterschiedlichen Stellen wird deutlich, dass der karikierte Ministerpräsident stellvertretend für Israel und vor allem das gesamte Judentum stehen soll, das Hanitzsch im Übrigen durch die Rakete und die aggressiven Gesichtszüge Netanjahus eindeutig als Aggressor darstellt. Hieran knüpft auch die Darstellung Netanjahus in Soldatenstiefeln, die eindeutige Übereinstimmungen mit den deutschen Wehrmachtsstiefeln, die zwischen 1939 und 1945 getragen wurden, haben. Hanitzsch bedient sich hier antizionistisch-antiisraelischer Motive wie das der Gleichsetzungen Israels mit dem deutschen Nationalsozialismus oder das des Anwendens von doppelten Standards (Text 4, s. Anhang). Darüber hinaus werden auch im Hinblick auf die freudige Reaktion Netanjahus auf Nettas Sieg im Gesangwettbewerb und mit Blick auf die Darstellung Netanjahus mit einer Rakete in der Hand, die eine vermeintlich von Israel ausgehende unverhältnismäßige Aggression thematisieren soll, die im Übrigen in keinem Zusammenhang mit der Realität steht und deshalb als antisemitische Phantasie zu bewerten ist, doppelte Standards angewendet. So ist es doch zweifelhaft, ob eine ähnliche Karikatur entstanden wäre, hätte ein anderes Land gewonnen.

4 Schlussbemerkungen

Bildern muss im Geschichtsunterricht eine tragende Rolle zugesprochen werden. Bildquellen sollten als ernstzunehmende Quellen betrachtet werden, deren Bedeutung nicht unter die Bedeutung von Textquellen untergeordnet werden darf. Wichtig zu betonen ist, dass 1. textliche und bildliche Quellen stets in Kombination genutzt werden sollten, und dass 2. der Umgang mit Bildquellen im Geschichtsunterricht durch Instrumentarien und Methoden begleitet werden muss. Sowohl Lehrer*innen als auch Schüler*innen müssen Methoden und insbesondere Materialien geliefert werden, die es ihnen ermöglichen, sich umfassend und angemessen mit Bildquellen auseinandersetzen zu können. Dabei darf nicht außer Acht gelassen werden, dass Schüler*innen nicht nur eine Textkritik, sondern eben auch eine Bildkritik vermittelt werden muss.

Das Thema Antisemitismus muss im Geschichtsunterricht mit besonderer Vorsicht behandelt werden. So sind ein umfangreiches Wissen zur Geschichte des Antisemitismus und zu seinen unterschiedlichen Artikulationsformen sowie didaktische und methodische Sicherheit Voraussetzung für Lehrer*innen und Pädagog*innen. Grundsätzlich ist anzumerken, dass visuellem Antisemitismus mehr Raum eingeräumt werden muss, um sich dessen Komplexität umfassend zuwenden zu können. Der vorliegende Beitrag hat verdeutlicht, dass der Fokus im Geschichtsunterricht überwiegend auf Fotografien liegt. Um den Schüler*innen die Kompetenzen des Erkennens, Lesens und Decodierens von antijüdischen und antisemitischen Stereotypen, Codes und Chiffren vermitteln zu können, eignen sich allerdings insbesondere Karikaturen. Während das Ende der Weimarer Republik und die Zeit des Nationalsozialismus im Geschichtsunterricht einen Schwerpunkt im Lehrplan einnehmen, werden beispielsweise der Gründung Israels oder dem Verhältnis zwischen Deutschland und Israel im Geschichtsunterricht keine Aufmerksamkeit gewidmet. Anhand des Vergleiches einer Karikatur aus der Zeit des Nationalsozialismus und einer aktuellen Karikatur, ist es möglich, Anknüpfungspunkte zu schaffen und die Aktualität von (visuellem) Antisemitismus zu verdeutlichen. Demzufolge kann anhand eines solchen Vergleiches Schüler*innen vermittelt werden, dass unterschiedliche Artikulationsformen von Antisemitismus existieren und dass es sich bei Antisemitismus um ein aktuelles verbreitetes gesellschaftliches Problem handelt. Schüler*innen können so für das Erkennen und Decodieren von Antisemitismus sensibilisiert werden.

5 Anhang

Textgrundlagen

Text 1: Robert Knox[53] äußert sich zur Beschaffenheit des „jüdischen Körpers" und konzentriert sich dabei insbesondere auf die „jüdischen Gesichtsmerkmale": „[D]ie Umrisse sind konvex; die Augen langgezogen und gutgeformt, die äußeren Winkel verlaufen den Schläfen zu; Stirn und Nase bilden oft eine einzige konvexe Linie; die Nasenwurzel ist vergleichsweise schmal, wodurch sich die Augen notwendigerweise einander nähren; die Lippen sind sehr voll; vorstehender Mund, kleines Kinn; die gesamte Physiognomie hat, wenn sie dunkel ist, wie es oft geschieht, ein afrikanisches Aussehen."[54]

---

53 Der schottische Arzt und Naturwissenschaftler Robert Knox wurde 1791 in Edinburgh geboren und starb 1862 in London. Nach der Revolution von 1848/49 entstanden vermehrt Werke, die sich insbesondere auf rassistische Universaltheorien stützten. Mit seiner Vortragsreihe The Races of Man (1850) verwies Knox auf die seiner Meinung nach existierenden, durch Rassenzugehörigkeiten begründbaren Hintergründe der europäischen politischen Konflikte.

54 Knox, Robert, The Races of Man: A Fragment, Philadelphia 1850, S. 133.

Text 2: Der Eintrag aus Meyers Konversationslexikon von 1883 beschreibt die Körperbeschaffenheit der Juden wie folgt:

„Danach sind Juden von kleiner Statur (etwa 1630 mm hoch); sie haben meist schlichte, wiewohl auch krause, vorwiegend dunkle, nicht selten rote Haare, gewöhnlich graue Augen und lebhaften Puls. Sie haben einen großen, brachykephalen Kopf, langes, schmales Gesicht mit mäßig hoher Stirn, lange Unterkiefer; Nase von bedeutender Länge und Höhe dabei schmal."[55]

Text 3: „Als Sinnbild des bösen Triebes gilt die Spinne als Gegenbild zur Biene, wegen des leicht reißenden Netzes ist sie aber auch Symbol des Hinfälligen, Vergänglichen."[56]

Text 4: „Was ist antizionistischer Antisemitismus? „Antizionismus" bedeutet demnach die Ablehnung des Existenzrechtes des Staates Israel, also die Negierung des Anspruchs von Juden auf nationale Selbstbestimmung. Bewusst oder unbewusst läuft diese Position auf die Aufhebung einer gesicherten Zufluchtsstätte für die Juden und eine damit verbundene Verfolgung hinaus. Als abgeschwächtere Variante des Antizionismus kann die pauschale ‚Verdammung' Israels als negativer Kraft gelten, welche nicht notwendigerweise mit der ohnehin unrealistisch erscheinenden Forderung nach Aufhebung der staatlichen Existenz verbunden sein muss. So wird der Staat der Juden als angeblich alleiniger Verantwortlicher für den Nahost-Konflikt verantwortlich gemacht, wobei häufig diffamierende historische Gleichsetzungen selbst mit dem deutschen Nationalsozialismus erfolgen. Aufgrund der in beiden Formen auszumachenden rigorosen Feindschaft gegenüber den Juden und dem Staat Israel steht hinter solchen Auffassungen von Antizionismus mitunter auch ein latenter Antisemitismus. Gleichwohl lässt sich keine pauschale Gleichsetzung von Antisemitismus und Antizionismus vornehmen."[57]

---

55 Meyers Konversations-Lexikon. Eine Enzyklopädie des allgemeinen Wissens. Dritte gänzlich umgearbeitete Auflage. Bd. 20. Jahres-Supplement 1882–1883. Leipzig: Verlag des Bibliographischen Instituts, 1883, S. 528.

56 Kretschmer, Hildegard, Lexikon der Symbole und Attribute in der Kunst, Stuttgart 2011, S. 399 f.

57 BpB – Bundeszentrale für politische Bildung, Antizionistischer Antisemitismus. Online im Internet unter: tremismus/antisemitismus/37954/antizionistischer-antisemitismus, letzter Zugriff: 16.10.2019.

Zusätzliche Literaturhinweise

Günther, Meike, Der Feind hat viele Geschlechter. Antisemitische Bilder von Körpern. Intersektionalität und historisch-politische Bildung, Berlin 2012.

Im Zentrum der Monographie steht die Auseinandersetzung mit der historisch-politischen Bildungsarbeit zu den Themenbereichen Nationalsozialismus und Antisemitismus. Dabei wird insbesondere auf Körper sowie Körperbilder Bezug genommen und diese unter anderem im Kontext von Sexualität und Geschlechterdefinitionen verhandelt. Günther verfolgt mit ihrer Arbeit einen intersektionalen Zugang und liefert Wissenschaftler*innen und Pädagog*innen erste Methoden und Instrumentarien für den Einsatz antisemitischer Bilder innerhalb der historisch-politischen Bildungsarbeit. Zu empfehlen ist der Beitrag, um sich intensiver mit dem Körper in antisemitischen Bildern (insbesondere im Nationalsozialismus) auseinanderzusetzen und um erste Methoden für den Einsatz im Unterricht zu erhalten.

Langmeyer, Gerhard/Unverfehrt, Gerd/Guratzsch, Herwig/Stölzl, Christoph (Hg.), Bild als Waffe. Mittel und Motive der Karikatur, München 1984.

Der Ausstellungskatalog liefert einen Einblick in die Geschichte der Karikatur und thematisiert dabei neben künstlerischen karikaturalen Mittel auch drei relevante Kategorien der Karikatur: die Porträtkarikatur, die Bild-Satire und die Gesellschaftssatire. Im Fokus steht dabei stets herauszuarbeiten, welche Funktionen und Wirkungsweisen sich hinter den Karikaturen verbergen. Zu empfehlen ist der Katalog, um sich der Karikatur aus kunsthistorischer Perspektive nähern zu können sowie ihre Eigenschaften kennen und analysieren zu lernen.

Schoeps, Julius H./Schlör, Joachim, Bilder der Judenfeindschaft. Antisemitismus, Vorurteile und Mythen, Augsburg 1999.

Ziel des interdisziplinären Sammelbandes ist es sich der inneren Systematik von antijüdischen und antisemitischen Denkstrukturen anzunähern. Dabei werden die Herkunft, die Verbreitung, die Wirkungsweisen sowie die Modernisierung unterschiedlicher antijüdischer und antisemitischer Einstellungen, Stereotype sowie Vorurteile diskutiert und analysiert. Zu empfehlen sind die Beiträge, um sich intensiver mit individuellen antijüdischen und antisemitischen Bildern zu beschäftigen. Die diskutierten Bilder reichen von dem Bild der „jüdischen Weltverschwörung“, über das Bild des „jüdischen Körpers“ bis hin zum Bild des „Israelis“.

Literatur

Barthes, Roland, Die helle Kammer. Bemerkungen zur Photographie, Frankfurt/Main 1985.

BpB – Bundeszentrale für politische Bildung, Antizionistischer Antisemitismus. Online unter: http://www.bpb.de/politik/extremismus/antisem- itismus/37954/antizionistischer-antisemitismus [Abruf: 16.10.2019]

Deutsches Historisches Museum, Objektdatenbank. Online unter: https://www.dhm.de/datenbank/dhm.php?seite=5&fld_0=MI011834 [Abruf: 16.10.2019].

Dittmar, Peter, Die antijüdische Darstellung, in: Schoeps, Julius H./Schlör, Joachim (Hg.), Bilder der Judenfeindschaft. Antisemitismus, Vorurteile und Mythen, Augsburg 1999, S. 41–53.

Döring, Jürgen, Der Mensch-Tier-Vergleich: die Spinne als Zeichen, in: Bild als Waffe. Mittel und Motive der Karikatur, Langmeyer, Gerhard/Unverfehrt, Gerd/Guratzsch, Herwig/Stölzl, Christoph (Hg.), München 1984, S. 238–240.

Eurovision, Alle Infos zum ESC 2019 in Israel. Online unter: https://www.eurovision.de/news/Alle-Infos-zum-ESC-2019-in-Israel,israel936.html. [Abruf: 16.10.2019]

Frankfurter Allgemeine Zeitung, Und Netta wird's doch noch. Online im Internet: http://www.faz.net/aktuell/gesellschaft/eurovision-song-contest/esc-tagebuch-aus-lissabon-7-und-netta-wird-s-doch-noch-15587388/platz-1-israel-netta-toy-15587237.html#fotobox_1_5587388 [Abruf: 02.10.2019].

Günther, Meike, Der Feind hat viele Geschlechter. Antisemitische Bilder von Körpern. Intersektionalität und historisch-politische Bildung, Berlin 2012.

Hamann, Christoph, Visual History und Geschichtsdidaktik. Beiträge zur Bildkompetenz in der historisch-politischen Bildung, Berlin 2007.

Hamann, Christoph, Sehepunkte und Bildkompetenz. Zur Ikonografie des Nationalsozialismus im Unterricht, in: Rathenow, Hans-Fred/Wenzel, Birgit/Weber, Norbert H., Handbuch Nationalsozialismus und Holocaust. Historisch-politisches Lernen in Schule, außerschulischer Bildung und Lehrerbildung, Schwalbach/Ts 2013, S. 187–204.

Hanitzsch, Dieter, o. A., in: Süddeutsche Zeitung, Nr. 110, 15.05.2018, S. 4.

Heinze, Carsten, Das Bild im Schulbuch. Zur Einführung, in: Heinze, Carsten/Matthes, Eva, Das Bild im Schulbuch, Kempten 2010, S. 9–11.

Held, Jutta/Schneider, Norbert, Grundzüge der Kunstwissenschaft. Gegenstandsbereiche – Institutionen – Problemfelder, Böhlau 2007.

Jüdische Allgemeine, Süddeutsche Zeitung entschuldigt sich. Online unter: https://www.juedische-allgemeine.de/kultur/sueddeutsche-zei- tung-entschuldigt-sich/ [Abruf: 16.10.2019].

Jüdisches Museum der Stadt Wien (Hg.), Die Macht der Bilder. Antisemitische Vorurteile und Mythen, Ausst. Kat. Wien, Jüdisches Museum der Stadt Wien, 27.04.1995 bis 31.07.1995, Wien 1995.

Knox, Robert, The Races of Man: A Fragment, Philadelphia 1850. Kretschmer, Hildegard, Lexikon der Symbole und Attribute in der Kunst, Stuttgart 2011.

Meyers Konversations-Lexikon. Eine Enzyklopädie des allgemeinen Wissens. Dritte gänzlich umgearbeitete Auflage. Bd. 20. Jahres-Supplement 1882-1883. Leipzig: Verlag des Bibliographischen Instituts, 1883.

Mittnik, Philipp, Holocaust-Darstellungen in Schulbüchern. Deutsche, österreichische und englische Schulbücher im Vergleich, Schwalbach/TS 2017.

Paul, Gerhard/Schoßing, Bernhard, Öffentliche Erinnerung und Medialisierung des National-sozialismus. Eine Bilanz der letzten dreißig Jahre, Göttingen 2010.

Pandel, Hans-Jürgen, Geschichtsdidaktik. Eine Theorie für die Praxis, Schwalbach/Ts 2013.

Pandel, Hans-Jürgen, Geschichtskultur als Aufgabe der Geschichtsdidaktik. Viel zu wissen ist zu wenig, in: Oswalt, Vadim/Pandel, Hans-Jürgen, Geschichtskultur. Die Anwesenheit von Vergangenheit in der Gegenwart, Schwalbach/Ts 2009, S. 19–33.

Popp, Susanne, Nationalsozialismus und Holocaust im Schulbuch. Tendenzen er Darstellung in aktuellen Geschichtsschulbüchern, in: Paul, Gerhard/Schoßing, Bernhard, Öffentliche Erinnerung und Medialisierung des Nationalsozialismus. Eine Bilanz der letzten dreißig Jahre, Göttingen, 2010, S. 98–115.

Roos, Daniel, Julius Streicher und „Der Stürmer“ 1923–1945, Paderborn 2014.

Salzborn, Samuel, Israelkritik oder Antisemitismus? Kriterien für eine Unterscheidung, in: Kirche und Israel. Neukirchener Theologische Zeitschrift, 28. Jahrgang, Heft 1/2013, S. 5–16.

Schleicher, Regina, Antisemitismus in der Karikatur. Zur Bildpublizistik in der französischen Dritten Republik und im deutschen Kaiserreich (1871–1914), Frankfurt/Main 2009.

Schoeps, Julius H./Schlör, Joachim, Bilder der Judenfeindschaft. Antisemitismus, Vorurteile und Mythen, Augsburg 1999.

Rupprecht, Philipp, Die Spinne, in: Der Stürmer. Deutsches Wochenblatt zum Kampfe um die Wahrheit, Nr. 26, Juni 1935, 12. Jh., Titelseite.

Unverfehrt, Gerd, Verformung der menschlichen Figur. Drei Möglichkeiten, in: Bild als Waffe. Mittel und Motive der Karikatur, Langmeyer, Gerhard/Unverfehrt, Gerd/Guratzsch, Herwig/Stölzl, Christoph (Hg.), München 1984, S. 18–90.

Antisemitismus in der Literatur am Beispiel von Wilhelm Raabes *Hungerpastor* (1864) und Martin Walsers *Tod eines Kritikers* (2002)

Anhaltspunkte für den Unterricht in der gymnasialen Oberstufe

Rahel Stennes

1 Einen Umgang mit antisemitischer Literatur im Deutschunterricht finden

Ein erheblicher Teil der deutschsprachigen Literatur ist von antisemitischen Bildern, Ideen und Argumenten durchzogen; der Deutschunterricht in der gymnasialen Oberstufe bietet eine ideale Möglichkeit, Schüler*innen die damit verbundene Struktur antisemitischer Figurenzeichnungen nahezubringen. Damit die Texte nicht aus dem institutionellen Gedächtnis verschwinden und Antisemitismus auf diese Weise nicht weiterhin eine schwer zu fassende Sphäre bleibt, ist es wichtig, den Umgang mit ebendiesen Elementen der deutschsprachigen Literatur zu lernen. Durch die Markierung als antisemitisch, geraten Texte oft unter Verschluss. Auf diese Weise verschwinden sie erst aus dem institutionellen Gedächtnis (z. B. das Curriculum an Schule und Universitäten), um in der Folge diffus im kulturellen Gedächtnis[1] zu verbleiben; nicht vergessen, aber auch nicht präsent und analysierbar. Eine anti-antisemitische Haltung der Lehrer*innen reicht nicht aus, um den Schüler*innen die Tragweite und die Folgen von Antisemitismus zu verdeutlichen. Zu verstehen, wie Antisemitismus auf formaler Ebene funktioniert, wie er mit Inhalten spielt, um diese schließlich zu einem antisemitischen Argumentationsschema zusammenzuführen, ist Kern der Aufklärungs- und Bildungsarbeit, die sich dem Thema Antisemitismus widmet. Um aber diese Bildungsarbeit leisten zu

1 Vgl. Klaus-Michael Bogdal: Literarischer Antisemitismus nach Auschwitz. Perspektiven der Forschung. In: Literarischer Antisemitismus nach Auschwitz. Hg. von Klaus-Michael Bogdal/Klaus Holz/ Matthias N. Lorenz. Stuttgart 2007. S. 1–12. Hier: S. 7.

können, müssen für Lehrer*innen selbst die Strukturen antisemitischer Weltdeutungsmuster erklärbar werden.

Den Schüler*innen soll die Fertigkeit vermittelt werden, die antisemitischen Argumentationsstrukturen und Figurenzeichnungen zu erkennen, einzuordnen und auf ihren Gehalt hin zu überprüfen. Darüber hinaus sollen sie ein kritisches Verhältnis zur Kanonisierung und Heroisierung bestimmter Texte und Autor*innen entwickeln: Auch berühmte Autor*innen sind Persönlichkeiten mit komplexen Gedankenstrukturen und politischen Weltanschauungen. Sich nicht mit den antisemitischen Aspekten der Literatur der Romantik oder des bürgerlichen Realismus auseinanderzusetzen heißt, wesentliche Aspekte der Autor*innen und der literarischen Strömungen zu übergehen. Literarische Texte sind ein wichtiger Faktor im kulturellen Gedächtnis und bieten so eine besondere Möglichkeit, sich mit gesellschaftspolitischen Themen auseinanderzusetzen.

Antisemitismus schlägt sich als Weltbild in einem erheblichen Teil der deutschen Literatur nieder. Antisemitische Figurationen sind nicht nur in Texten des 20. und 21. Jahrhunderts, sondern auch in der kanonischen Literatur des 19. Jahrhundert und davor zu finden. Allerdings haben sich die Ausdrucksformen stark verändert: Nach 1945 war es in Deutschland nicht mehr vorstellbar, sich öffentlich und offen zum Antisemitismus zu bekennen. Der stolz vorgetragene Satz „Ich bin Antisemit“, der vor und während der Shoa selbstverständlich war, wurde unmöglich. Antisemitismus äußert sich in der Folge auf versteckte Weise, auf Umwegen und als durchbrechendes Ressentiment.[2] Infolgedessen ist ein bewusstes Bekenntnis zum Antisemitismus nicht notwendig, um antisemitische Deutungsmuster – oft ohne persönliche Identifikation mit ihnen – von Generation zu Generation weiterzutragen. Die im Folgenden analysierten Beispiele bilden ebenjene Veränderung in der Formation antisemitischer Inhalte ab.

Besonders der Schulunterricht im Fach Deutsch bietet die Möglichkeit, sich fernab der üblichen Themeneinbettung mit antisemitischen Stereotypen zu beschäftigen. Antisemitismus in öffentlichen Debatten zu erkennen, erscheint

2 Zur Umwegkommunikation siehe: Werner Bergmann/Rainer Erb: Kommunikationslatenz, Moral und öffentliche Meinung. Theoretische Überlegungen zum Antisemitismus in der Bundesrepublik Deutschland. In: Kölner Zeitschrift für Soziologie und Sozialpsychologie 38,2 (1986). S. 223–246 und Jan Weyand: Das Konzept der Kommunikationslatenz und der Fortschritt in der soziologischen Antisemitismusforschung. In: Jahrbuch für Antisemitismusforschung 26 (2017). S. 36–58.

häufig als schwierige Aufgabe; Antisemitismus in der Literatur zu dechiffrieren, ist aufgrund ihrer Beschaffenheit eine Herausforderung.

> Literarische Werke sind keine historischen Quellen, die bestimmte Vorstellungen eines Kollektivs oder eines Individuums unmittelbar widerspiegeln oder zum Ausdruck bringen. Sie sind ästhetische Artefakte. Als solche schaffen sie fiktive Welten und treiben ihr Spiel mit Zeiten und Räumen und täuschen uns darüber, wer durch sie spricht.[3]

Als ästhetisches Artefakt entsteht Literatur dennoch innerhalb von Gesellschaft und transportiert grundsätzlich Wertvorstellungen und Weltbilder. Sie entsteht in einem sozialen Kontext und interagiert mit ihm. Durch eine gezielte Auswahl der literarischen Werke kann gezeigt werden, dass Antisemitismus weder eine Erfindung der Nationalsozialist*innen noch eine Randerscheinung ist. Im Umgang mit Antisemitismus in literarischen Kontexten ist es wichtig zu lernen, wie das antisemitische Argumentationsschema funktioniert und auf welche Stereotype es rekurriert. Das Fach Deutsch kann helfen, antisemitische Inhalte in literarischen Erzeugnissen im Zusammenhang mit ihrer Komplexität und Literarizität auszumachen; auf diese Weise können Schüler*innen lernen, selbst Antisemitismus zu erkennen. Es gibt keine Schablone, anhand derer Literatur auf Antisemitismus überprüft werden kann. Antisemitismus in der Literatur „lässt sich in seinen subtilen Ausformungen [...] von Werk zu Werk, als Ergebnis eines immer neuen close reading unter Berücksichtigung aller textuellen Komponenten bestimmen."[4] Entscheidende Merkmale jedoch können mit der Frage nach der Kontextualisierung der stereotypisierenden Darstellung herausgearbeitet werden:

Wie werden auf Juden bezogene Aussagen im Textganzen organisiert? Bilden sie tradierte Versatzstücke, Bilder, Attribuierungen bloß ab und schreiben sie diese damit fort oder unterminieren sie diese mittels poetischer Verfahren?[5]

Da sich Antisemitismus „vornehmlich über die Figurengestaltung und Handlungsstruktur"[6] vermittelt, können Fragen über die Begleitumstände dieser Konstellationen helfen, die übergeordnete Frage nach der Funktion der Figurengestaltung im Kontext der Handlung zu beantworten.

---

3 Ebd., S. 7.

4 Mona Körte: „Judaeus ex machina" und „jüdisches ‚perpetuum mobile'". Technik oder Demontage eines Literarischen Antisemitismus? In: Bogdal et al. S. 59–73. Hier: S. 66.

5 Körte. „Judaeus". S. 72.

6 Florian Krobb: Was bedeutet literarischer Antisemitismus im 19. Jahrhundert? Ein Problemaufriss. In: Bogdal et al. S. 85–101. Hier: S. 85.

Gegenstand des vorliegenden Beitrags ist, zwei Ausschnitte aus zwei Texten aufzuarbeiten und sie als exemplarische Bearbeitung für Lehrer*innen in der Praxis zur Verfügung stellen, sodass sie diese in ihre Unterrichtskonzepte einarbeiten können. Die beiden ausgewählten Textausschnitte transportieren antisemitische Stereotype über zwei konkrete Figuren, die in Opposition zur Darstellung des Deutschen stehen. Diese diametrale Gegenüberstellung des vermeintlich Jüdischen und des angenommenen Deutschen ist eine besonders häufige Erscheinungsform in der antisemitischen Literatur des 19. Jahrhunderts. Sie ist als Motiv – wie wir sehen werden – auch noch nach 1945 in antisemitischen Texten zu finden. Die Texte sind außerdem in die Themenbereiche des zweiten, dritten und vierten Kurshalbjahres im Rahmenlehrplan integrierbar.[7] Bei beiden Vorschlägen geht es darum, Lehrer*innen ein Beispiel zu vermitteln, wie antisemitische Figurationen und Argumentationsmuster in der Literatur erkennbar gemacht werden können.

2 Texte und Analyse

2.1 Wilhelm Raabe: Der Hungerpastor (1864)

Protagonist in Wilhelm Raabes Roman Der Hungerpastor (1864)[8] ist der Sohn des Neustädter Schusters Johannes (Hans) Unwirrsch. Dessen Vater stirbt, als Hans noch sehr jung ist, und hinterlässt seine Familie in großer Armut. Noch als Schuljungen entwickelt sich eine Freundschaft zwischen Hans und dem Nachbarskind Moses Freudenstein, dem Sohn eines reichen jüdischen Trödlers. Die ersten Jahre der Schule und des Abiturs sowie die folgenden Jahre des Studiums bestreiten die beiden gemeinsam. Erst nach Ende des Studiums trennen sich ihre Wege, kreuzen sich jedoch immer wieder. Während

Hans Unwirrsch sich zwar nur eines begrenzten Intellekts erfreut und Moses ihm in dieser Hinsicht den Rang abläuft, entwickelt sich ersterer persönlich zu einem guten, hilfsbereiten, selbstlosen und frommen Menschen. Moses hingegen wird als egoistische und skrupellose Figur gezeichnet, die weder dem Judentum noch dem Christentum Treue erweist.

---

7 Siehe dazu: Rahmenlehrplan für den Unterricht in der gymnasialen Oberstufe. Deutsch. Hg. von Senatsverwaltung für Bildung, Jugend und Wissenschaft Berlin. Berlin 2014. S. 24–25.

8 Wilhelm Raabe: Der Hungerpastor. In: Wilhelm Raabe. Sämtliche Werke. Band 6. Hg. von Karl Hoppe. Göttingen 2005. Im weiteren Verlauf im Beitrag mit H und Seitenangabe nachgewiesen.

Die im Folgenden analysierte Textstelle (H 127–130) gehört in die gemeinsame Studienzeit von Hans und Moses. Die Rahmenerzählung beginnt mit Ausführungen über Hans‘ Zurückhaltung, seine Gefühle gegenüber Moses zu zeigen, und über Moses‘ Eigenart, Wissen zu systematisieren und zu kategorisieren, die mit Empathieunfähigkeit einhergeht (vgl. H 128). Im Zentrum steht eine Diskussion über die deutsche Nation und das Deutschsein als Binnenerzählung. Die Rahmenerzählung schließt mit Hans‘ erfolglosem Versuch, sich gegenüber Moses zu behaupten, und einer gleichzeitigen Schilderung von Moses‘ Physiognomie und Gestik sowie Hans‘ Unbehagen seinem Freund gegenüber (vgl. H 130).

Zu Beginn der Textstelle wird das Verhältnis zwischen Hans Unwirrsch und Moses Freudenstein deutlich. Während Hans „seine Gefühle instinktiv in Moses‘ Gegenwart“ (H 127) verbirgt, da er stets damit rechnet, dass Moses sie in seiner kalten Art vernichten könnte (vgl. H 127), übt dieser gleichzeitig einen gewissen Reiz auf Hans aus, sodass der Kontakt auch zur Studienzeit weiter anhält: „[A]ber so viel Moses zerstören konnte, so viel hatte er auch zu geben. Nicht leicht war es, ihm zu widerstehen“ (H 128). Obwohl also Hans‘ Emotionalität durch Moses‘ Verstandeskraft zerstört zu werden droht, fühlt sich Hans von Moses‘ Intelligenz und Bildung angezogen. Und auch „dem deutschen Vaterland“ (H 128) steht Moses Freudenstein „ebenso objektiv gegenüber wie allem andern, worüber sich reden ließ“ (H 128). An dieser Stelle wird Moses‘ Hang zur Ordnung und Kategorisierung, der vorher eindrücklich verhandelt wird, mit seinem Verhältnis zur deutschen Nation verknüpft. So wie er „sich ein ziemlich originales System objektiver Logik auf das Vollkommenste“ (H 128) aufbaut, um sich Wissen über Wissen anzueignen und sich nicht in „dilettantischer Vielleserei“ (H 128) zu verlieren, kategorisiert er seine Position zu Deutschland auf ebenso objektive und systematische Weise. Angesichts der Eigenart seines Freundes Moses Freudenstein „alles, was er mit sich trug, irgendeiner verruchten Kategorie“ (H 128) unterzuordnen, zeigt sich Hans Unwirrsch, der Held der Geschichte, der die Sympathien der Leser*innen auf sich zieht, verwirrt und hilflos (vgl. H 128). Wie üblich ist Hans im Disput mit seinem Freund unterlegen. Freudenstein legt im Folgenden sein konkretes Verhältnis zum deutschen Vaterland dar. Er hebt hervor, dass er als Jude situationsabhängig und vor allem aus rein rationalen Gründen entscheiden kann, wann er als Deutscher gilt und wann nicht (vgl. H 128 f.) Hans Unwirrsch wird bei Moses‘ Rede über seinen Stand in der deutschen Gesellschaft und seiner Haltung zu ihr immer unbehaglicher, er vermag ihm jedoch nicht zu widersprechen (vgl. H 129). Hans rutscht auf seinem Stuhl hin und her (vgl. H 129), ist „ebenso atemlos wie der Redner“ (H 129) und stammelt nur das Wort „Egoismus" (H 129) vor sich hin, was für Moses Freudenstein nur Auftakt zu neuen Einlassungen ist (vgl. H 129 f.). Hans ist mangels intellektueller Fähigkeiten nicht in der Lage, sich Moses' Ausführungen zu widersetzen.

> „Nun wäre es selbst für einen schnellern Geist schwierig gewesen, auf diese Rede alles das kurz und bündig zu erwidern, was darauf gehörte. Von Hans Unwirrsch war es nicht zu verlangen, und Moses Freudenstein durfte nach Herzenslust mit den Augen zwinkern, Hände und Knie aneinanderreiben (H 130)."

Anhand dieser Textstelle wird deutlich, wie das Deutsche mit dem leicht einfältigen, aber sympathischen und gefühlvollen Hans verbunden wird, während das Jüdische für das Rationalistische, den Gefühl zersetzenden Missbrauch von Wissen steht. Im gesamten Ausschnitt kommt Hans kaum zu Wort, er kann sich auf intellektueller Ebene nicht mit seinem Freund messen. Am Ende jedoch steht er als die zwar bedauerliche, aber gute Figur im Gegensatz zu dem jüdischen Überlegenen, dem Egoisten, dem das deutsche Vaterland nichts bedeutet.

Moses Freudenstein verkörpert so das antisemitische Stereotyp eines Juden, der als

> „Inbegriff des mechanischen, seelenlosen Daseins, die herzlose Mimikry eines Menschen, [...] alles gnadenlos dem Selbstzweck unterordnet, nichts unangetastet lässt [...], den Experten mimt, und dem durch seine angeblich erbarmungslos perfektionierte Vorherrschaft das Stigma von Künstlichkeit und Gemachtheit anhaftet."[9]

Doch ebenjene Künstlichkeit und Verstellung kann zuletzt nicht die wahren Abgründe des Jüdischen verbergen. Moses Freudenstein zwinkert mit den Augen, reibt Hände und Knie aneinander (vgl. H 130), scheinbar selbstvergessen in seiner Rede. Diese Selbstvergessenheit und ständige Ruhelosigkeit haben ihren Ursprung in der Legende des „Ewigen Juden"[10] In der Legende verspottet der Jude Ahasver Jesus auf dem Weg zur Kreuzigung und wird von ihm zur Strafe zur ewigen Wanderschaft verflucht.[11] Das Wesen des Jüdischen als das

9 Körte. „Judaeus". S. 62.

10 Siehe: Kurtze Beschreibung und Erzehlung von einem Juden / mit Namen Ahaßverus. In: Ahasvers Spur. Dichtungen und Dokumente vom „Ewigen Juden". Hg. von Mona Körte/Robert Stockhammer. Leipzig 1995. S. 8–13.

11 Zur Geschichte und Einordnung der Legende siehe: Galit Hasan-Rokem: Ahasver. In: Enzyklopädie jüdischer Geschichte und Kultur. Band 1. Hg. von Dan Diner. Stuttgart 2011. S. 9–13.

eigentlich Andere, das Ruhelose, nahezu Unmenschliche kommt hier also trotz aller Wissenschaft und Redekunst, trotz Moses‘ Angepasstheit zum Vorschein. Hans hingegen zieht sich zurück und denkt über das Gesagte nach, kann nach einiger Bedenkzeit Moses sogar etwas entgegensetzen (vgl. H 130). Dieser jedoch überrumpelt Hans sogleich mit weiterer „talmudistische[r] Spitzfindigkeit“ (H 130), woraufhin Hans gleich wieder verstummt. Der ehrliche, einfache, fromme und deutsche Hans hat in dieser Konstruktion des Textes gegen den kalkulierenden, intellektuellen, ungläubigen und jüdischen Moses nicht die geringste Chance, er wird einfach niedergeredet. Hans Unwirrsch verkörpert hier die Mittelmäßigkeit als das deutsche Ideal des bürgerlichen Heldentums[12], während Moses Freudenstein für das Bild „des rabulistischen Juden, der seine gesteigerte Intellektualität zur parasitären ‚Zersetzung‘ der Gesellschaft einsetzt“[13] steht, um heimatlos „allein seinem zerstörerischen Egoismus zu folgen.“[14] Moses Freudensteins geistiger Überlegenheit haften Unehrlichkeit und rhetorische Taschenspielertricks an, es wird suggeriert, sie sei mit unlauteren Mitteln erworben worden. Seine Ruhelosigkeit hingegen weist ihm den Platz des Unterlegenen zu. Den Juden als allgegenwärtig, als Übermacht, als Unterlegenen und Entmenschlichten zu sehen, zeichnet das antisemitische Argumentationsschema aus.

2.2 Martin Walser: Tod eines Kritikers (2002)

In Martin Walsers Schlüsselroman Tod eines Kritikers[15] aus dem Jahr 2002 verschwindet gleich zu Beginn der jüdische Literarturkritiker André Ehrl-König. Des Mordes verdächtigt wird der nicht-jüdische Schriftsteller Hans Lach, dessen Buch am Abend vor dem mutmaßlichen Mord in Ehrl-Königs Fernsehshow „Sprechstunde“ schlecht besprochen wurde. Im Verlauf der Handlung versucht Michael Landolf – der sich später als Hans Lachs Alter Ego erweist – dessen Unschuld zu beweisen und führt aus diesem Grunde viele Gespräche

12 Vgl. Jan Süselbeck: Die Totalität der Mitte. Gustav Freytags Figur Anton Wohlfahrt und Wilhelm Raabes Protagonist Hans Unwirrsch als ‚Helden‘ des antisemitischen ‚Bildungsromans‘ im 19. Jahrhundert. In: Ästhetischer Heroismus. Konzeptionelle und figurative Paradigmen des Helden. Hg. von Nikolas Immer/Mareen van Marwyck. Bielefeld 2013. S. 293–321. Hier: S. 293. Auf die Einbettung des Romans in den bürgerlichen Realismus in der deutschsprachigen Literatur gehe ich in Kap. 3 kurz ein.

13 Ebd., S. 314.

14 Ebd.

15 Martin Walser: Tod eines Kritikers Frankfurt/Main 2002. Im weiteren Verlauf im Beitrag mit TeK und Seitenangabe nachgewiesen.

im Umfeld Ehrl-Königs. Während die Figur des Hans Lach als unschuldiger bedauernswerter Schriftsteller, der vom Starkritiker verrissen wurde, erscheint, ist André Ehrl-König die machtbesessene Inszenierung seiner selbst. Die Schilderung seiner unerbittlichen, egoistischen und zerstörerischen Art gipfelt in der Erkenntnis des Romans, dass Ehrl-König keineswegs verstorben, sondern nur verschwunden ist, um ungeachtet seiner Ehe und ungesehen von der Öffentlichkeit ein paar Tage mit seiner Geliebten verbringen zu können.[16] Für die Figur des André Ehrl-König diente der jüdische Literaturkritiker Marcel Reich-Ranicki als Vorlage. Der Roman entfachte bei Erscheinen eine breite öffentliche Debatte über die Frage, inwieweit die Darstellung Reich-Ranickis antisemitisch sei.

In der im Folgenden analysierten Textstelle aus dem dritten Teil des Romans (vgl. TeK144–145) ist noch nicht bekannt, dass Hans Lach und Michael Landolf dieselbe Person sind, außerdem gilt André Ehrl-König immer noch als tot. Hans Lach gesteht in diesem Teil schließlich seine Tat, nur um kurz danach zu widerrufen. Nach seinem Geständnis (und bevor sein Widerruf bekannt wird) wird in den Feuilletons der Zeitungen geschrieben, dass „Hans Lach einen Juden getötet hatte“ (TeK 144). Obwohl weder André Ehrl-König, noch sein enges Umfeld die jüdische Herkunft des Kritikers besonders hervorgehoben hätten, wurde in den Zeitungsberichten „der jüdische Bankier König aus Nancy her beschworen, und es wurde mehr als vermutet, daß die [...] Mutter [...] auch aus einer jüdischen Familie stamme“ (TeK 144). Bedeutend wird in den Zeitungen die jüdische Herkunft des mutmaßlichen Mordopfers vor allem, da seit Beginn der Mord-Affäre ein Satz kursiert, den Hans Lach angeblich beim Verlassen der Party des Opfers in der Tatnacht gesagt habe: „Ab heute Nacht Null Uhr wird zurückgeschlagen“ (TeK 10; 144).[17] Dieser Satz habe bei den Gästen der Party „Bestürzung und Abscheu ausgelöst, schließlich sei allgemein bekannt, daß André Ehrl-König zu seinen Vorfahren auch Juden zähle, darunter auch Opfer des Holocaust“ (TeK 10). Tatsächlich aber findet Michael Landolf in keinem seiner Gespräche mit den Partygästen eine Person, die diesen Satz bestätigen kann. Schließlich greift ein Fernsehmoderator in die Debatte ein und besteht darauf, dass es wiederum antisemitisch sei, wenn „die Ermordung eines Juden [...] moralisch schlimmer geahndet werde als die Er-

16 Zum Antisemitismus in Walsers Roman siehe die Zusammenfassung der antisemitischen Komponenten bei: Matthias N. Lorenz: „Auschwitz drängt uns auf einen Fleck.“ Judendarstellung und Auschwitzdiskurs bei Martin Walser. Stuttgart 2005. S. 210–213.

17 Der Satz stammt in abgewandelter Form aus einer Rede Adolf Hitlers vor dem deutschen Reichstag am 1. September 1939.

mordung eines Nichtjuden. Philosemiten seien eben, wie bekannt, Antisemiten, die Juden liebten“ (TeK 144). Das hingegen führt zu einer Flut der Erklärungen seitens der Feuilletons, dass in Deutschland „die Ermordung eines Juden doch wohl ein Faktum ganz anderer Art sei als in jedem anderen Land der Welt“ (TeK 145). Der Fernsehmoderator entgegnet, dass die Mordtat nur eine antisemitische sei, wenn Ehrl-König aus dem Grund, dass er Jude sei, ermordet worden wäre (vgl. TeK 145). Das wiederum sei aber nicht erwiesen, da bisher sogar völlig unklar sei, ob Ehrl-König überhaupt Jude sei (vgl. TeK 145). „Daß die Presse daraus immer wieder Tatsachen gemacht habe, [...] zeige den Geisteszustand der deutschen Gesinnungspresse“ (TeK 145).

Anders als bei der analysierten Textstelle aus Raabes Hungerpastor wird hier nicht das konkrete Verhalten oder die Physiognomie einer als jüdisch markierten Figur beschrieben und bewertet, sondern es handelt sich um eine fiktive Darstellung einer öffentlichen Debatte über die Frage, wann etwas antisemitisch sei. Zwar weist Walsers Roman ebenso genügend Stellen auf, in denen André Ehrl-König stereotypisierend und habituell „jüdisch“ dargestellt wird (indem er etwa als reicher, machtgieriger, übersexualisierter, ja perverser Schmarotzer erscheint)[18], jedoch scheint es mir hier interessanter, die Darstellung der öffentlichen Debatte, die Walser in seinem Roman quasi vorwegnimmt[19], einer genaueren Betrachtung zu unterziehen.

Die jüdische Herkunft André Ehrl-Königs also ist unbewiesen, wird jedoch von den Zeitungen kolportiert. Ebenso kann niemand bestätigen, dass Hans Lach sich tatsächlich mit einem Hitler-Zitat von der Party verabschiedet hat. Trotzdem wird beides konsequent in den Zeitungen behauptet, um aus der ohnehin schon geächteten Tat – dem Mord – eine angeblich noch schlimmere zu machen: einen Mord an einem Juden. So unklar und verrucht, wie die Herkunft der Mutter ist, so selbstverständlich ist, dass der Vater des Mordopfers nicht nur Jude, sondern auch Bankier war. Der jüdische Bankier aus dem Ausland ist also Ursprung des rabulistischen, medienbesessenen und mächtigen Sprösslings, der schließlich vom missverstandenen, gutmütigen, etwas naiven und deutschen Schriftsteller (vgl. TeK 12 f) getötet wird. Der Fernsehmodera-

18 Siehe dazu: Lorenz. S. 151–197.

19 Der Veröffentlichung von Auszügen folgte eine öffentliche Debatte besonderen Ausmaßes über den Antisemitismus Walsers, respektive den Antisemitismus in seinem Roman. Die Debatte im Roman, ob es sich bei dem Mord an André Ehrl-König um einen antisemitischen Mord handelt, nimmt die Debatte um den Antisemitismus im Roman geradezu vorweg. Walser rechnet allem Anschein nach mit einer öffentlichen Diskussion um den antisemitischen Gehalt seines Textes. Siehe dazu: Lorenz. S. 212.

tor wird in dieser Debatte als die Stimme der Vernunft inszeniert, die darauf hinweist, dass es nur dann antisemitisch sei, wenn der Jude ob seines Jüdischseins ermordet worden wäre. Die „Gesinnungspresse" des deutschen Feuilletons allerdings, mache aus dem Opfer einen Juden (Vgl. TeK 145). Von Beginn des Romans an ist das Jüdischsein des mutmaßlich Ermordeten ausschließlich aus Sicht der Presse interessant. Niemand der von Michael Landolf befragten Personen um Ehrl-König thematisiert dessen Zugehörigkeit zum Judentum. Die Frage, ob ebendieser Umstand im Mordfall eine Rolle spielt, scheint nur die „deutsche Gesinnungspresse" zu interessieren. Nichtsdestoweniger ergibt sich im Figurenarsenal des Romans eine „fatale Konstellation jüdischer Verschwörung [...]: Der mächtigste aller Kritiker ist Jude, er dominiert die Kritik durch seine Fernsehsendung."[20] Diejenigen, die ihm dabei nahestehen und diejenigen, denen er selbst öffentlich seine Ehrerbietung erweist, sind ebenfalls Jüd*innen.[21] Die deutschen Schriftsteller im Roman „sind Opfer eines jüdischen Literaturkartells, das bestimmt, was ‚gut' und was ‚schlecht' ist."[22] Die Kombination aus Figurenkonstellation und der eindeutig antisemitischen Zeichnung André Ehrl-Königs[23]23 macht die fiktive Debatte um die Frage nach Antisemitismus in einem Mordfall zu einem zynischen Unterfangen. Ebenso zynisch mutet die Darstellung der Diskussion in den Feuilletons an, in denen (bis auf einen einzelnen als Advocatus Diaboli inszenierten Fernsehmoderator) Einigkeit besteht, dass der Mord eines Juden durch einen Deutschen mit besonderer Bedeutung belegt ist und deshalb besonders geahndet werden sollte. Ferner irrt der Fernsehmoderator, der die Stimme der Vernunft simuliert, wenn er sagt, dass nur ein Mord an einem tatsächlichen Juden antisemitisch sein kann. Die Frage, ob der Mord antisemitisch ist oder nicht, muss an der Motivation der Tat verhandelt werden und nicht an der Zugehörigkeit des Opfers zum Judentum. Entscheidend ist, ob der mutmaßliche Täter glaubt, dass er einen Juden tötet und ob dieser Glaube Einfluss auf die Tat hat.

Was diese Form der fiktiven Darstellung der öffentlichen Debatte jedoch als antisemitisch kennzeichnet, ist vor allem die fehlende literarische Auflösung. Martin Walser gelingt es nicht, „das Arsenal, aus dem die [antisemitischen Anleihen stammen], zu hinterfragen, den tradierten Bildern den Spiegel

20 Lorenz, S. 208.

21 Vgl. ebd., S. 208 f.

22 Ebd., S. 209.

23 Siehe dazu ebd. S. 168–197 und Mona Körte: Erlkönigs Kinder. Überlegungen zu Martin Walsers Roman „Tod eines Kritikers". In: Jahrbuch für Antisemitismusforschung 11 (2002). S. 295–310. S. 304.

vorzuhalten, diese Anleihen also zurückzubinden, kurz kenntlich zu machen, als das, was sie sind: Ressentiments."[24]

So wenig wie die stereotype, antisemitische Figuration des André Ehrl-König „im Spiel poetischer Reflexion"[25] aufgelöst wird, wird es die Feuilleton-Debatte über die Schwere der Tat. So wird ihre Absurdität nicht offengelegt, sondern erscheint als Abbild der Realität. Als vermeintliche Wiedergabe einer öffentlichen Antisemitismus-Diskussion endet sie in einer oberflächlichen Medienkritik, die ins Leere läuft, da der Protagonist Michael Landolf ja sowieso „nicht im Stande war, [sich] Hans Lach als Täter vorzustellen" (TeK 145). In diesem Abschnitt demontiert Walser die ohnehin von Anbeginn durch thesenhafte Exkurse über Verfolger und Verfolgte, Freund und Feind zerschnittene Handlung. Zurück bleibt eine antijüdische Figur, die [...] in ihrer unreflektierten, sich selbst erneuernden Künstlichkeit, ihren perfiden Vernichtungsgesten in der deutschen Literatur nach 1945 wohl ihresgleichen sucht.[26]

An die Stelle der Kritik am Kulturbetrieb und der Rolle der Presse darin tritt bloß Leere und eine antisemitische Figuration. André Ehrl-König dient hier als jüdischer Literaturkritiker, der sich an den deutschen Verfasser*innen der Literatur nach 1945 für die deutschen Verbrechen des Nationalsozialismus rächt, während die Feuilletons – die „Gesinnungspresse" – ihm durchaus auf den Leim gehen und sich an der Vernichtung der deutschen Autor*innen beteiligen.[27] Die Krönung dieser Vorwegnahme der öffentlichen Debatte ist der verletzte und gekränkte Michael Landolf, der sich schlicht nicht vorstellen kann, dass Hans Lach die Tat begangen habe und dem „die Wucht dieser Verurteilungseinhelligkeit weh" (TeK 145) tut. Walser inszeniert ein Konglomerat aus Vorverurteilungen, falschen Verdächtigungen, moralischen Einsichten und Selbstverständlichkeiten, Erinnerungskultur(en) und Machtverhältnissen, das sich letztlich weder mit dem Kulturbetrieb noch ernsthaft mit Antisemitismus auseinandersetzt. Mit der fiktiven öffentlichen Debatte täuscht er vor, zu wissen, wie öffentliche Debatten über Antisemitismus verlaufen, und sie richtig einordnen zu können. Tatsächlich reproduziert er ebendiese Debatten jedoch, da er die Situation nicht auflöst und am Ende keine Klärung stattfindet. Aussagen stehen nebeneinander, die nicht gewertet werden. Statt einer Einordnung bringt Michael Landolf sein Bedauern zum Ausdruck, inwiefern Hans

24 Ebd., S. 296 f.

25 Ebd., S. 297.

26 Körte. Erlkönigs Kinder. S. 309.

27 Inwiefern der Roman eine Kritik an der Vernichtung der Schriftsteller*innen durch die mediale Literaturkritik sein möchte siehe: Ebd., S. 302.

Lach einhellig verurteilt werde. Es hätte sogar „Töne des Bedauerns“ (TeK 145) gegeben, als Hans Lach in einer Psychiatrie untergebracht wurde, da dies seine Schuldfähigkeit vor Gericht mindern könnte. Das wahre Opfer im Roman ist nicht der mutmaßlich ermordete Jude, sondern der fälschlich verdächtigte Deutsche, dem Antisemitismus nachgesagt worden sei. Die Analyse des Antisemitismus erscheint nur als „Antisemitismusvorwurf “, als eine reflexhafte Schuldkultur. Antisemitismus existiert hier nur als „Vorwurf “, nie als Tatbestand.

3 Folgerungen für die Unterrichtspraxis

Zu lernen, wie antisemitische Figurenkonstellationen, -beschreibungen und -stereotypisierungen zu entschlüsseln sind, sollte wesentlicher Bestandteil des Deutschunterrichts in der gymnasialen Oberstufe sein. Durch das Erkennen der Struktur der antisemitischen Figurenzeichnung ist ein erster Schritt zu einem bewussten Umgang mit Antisemitismus getan. Da es besonders wichtig ist, dass Lehrer*innen sich in die Lage versetzt fühlen, überhaupt über Antisemitismus zu sprechen, sollen die hier dargelegten Analysen zum Verstehensprozess beitragen. Ein Beweis im Unterricht, dass Jüd*innen den hier geschilderten Stereotypen nicht entsprechen, ist hingegen nicht notwendig. Teil der Erkenntnis über Antisemitismus sollte auch immer das Bewusstsein darüber sein, dass es sich um fiktive Erzählungen handelt, die sich kulturell tradiert haben. Das antisemitische Weltbild, die antisemitische Fantasie steht in keinem Zusammenhang zu realen Jüd*innen.[28] „Antisemitismus kann deshalb auch nur durch eine Analyse der Antisemit(inn)en dechiffriert werden – und nicht durch eine des Judentums oder der jüdischen Geschichte“.[29]

Im Deutschunterricht kann ein mündiger Umgang mit stereotypisierenden Darstellungen von Figuren vermittelt werden. Schüler*innen können erstens befähigt werden, den Zusammenhang zwischen Narrativen und Topoi in der Literatur innerhalb von und zwischen verschiedenen Epochen zu erkennen. Zweitens können sie lernen, überhaupt antisemitische oder stereotypisierende

---

28 Jean-Paul Sartre erkennt die „Idee vom Juden […] als das Wesentliche“ (Jean-Paul Sartre: Überlegungen zur Judenfrage. Gesammelte Werke. Bd. 2. Reinbek 1994. S. 14.) im Antisemitismus. „Es ist also die Idee, die man sich vom Juden macht, die die Geschichte zu bestimmen scheint, und nicht die ‚historische‘ Tatsache, die die Idee hervorbringt.“ (Ebd.)

29 Samuel Salzborn: Antisemitismus als negative Leitidee der Moderne. Sozialwissenschaftliche Theorien im Vergleich. Frankfurt/Main 2010. S. 319.

Darstellungen einzelner Figuren auszumachen. Wie die beiden diskutierten Textausschnitte zeigen, kann sich Antisemitismus in der Literatur auf ganz unterschiedliche Weise niederschlagen und ist darüber hinaus immer im Kontext aktueller soziopolitischer Verhältnisse zu betrachten. Wilhelm Raabes Hungerpastor ist zu einer Zeit entstanden, in der es noch keinen einheitlichen deutschen Nationalstaat gab und die Autor*innen des bürgerlichen Realismus sich für ebendiesen Nationalstaat schriftstellerisch und publizistisch einsetzten. In der hier behandelten Textstelle ist der Zusammenhang zur liberalen Nationalstaatsdiskussion, die fester Bestandteil der Programmatik des bürgerlichen Realismus ist, besonders gegen Ende zu erkennen, wenn Moses seine konkrete Einstellung zur Nation schildert und Hans Unwirrsch diese Einlassungen als reinen Egoismus wahrnimmt (vgl. H 129 f.).[30]

Martin Walser hat seinen Roman Tod eines Kritikers nach 1945, also nach der planmäßig und industriell betriebenen Ermordung der europäischen Jüd*innen durch die Deutschen geschrieben. Sagbarkeitsregeln haben sich über die Zeit verändert, Sprache und Literatur finden neue Wege, gesellschaftliche Tabus zu umgehen, so auch antisemitische Bilder und Äußerungen. Doch sind sich die Motive der antisemitischen Erzählung sehr ähnlich geblieben: Auf der einen Seite steht der skrupellos-intelligente jüdische Verschwörer, ihm gegenüber das nicht-jüdische leicht naive, gutmütige Opfer der Verschwörung.[31] Aus diesem Grund ist es unumgänglich, Schüler*innen die Fertigkeit zu vermitteln, die Inhalte dieser Umwegkommunikation[32] zu dechiffrieren. Die detaillierte Auseinandersetzung mit antisemitischen literarischen Texten ist ein erster Schritt in diese Richtung.

---

30 Siehe dazu: Michael Thormann: Der programmatische Realismus der Grenzboten im Kontext von liberaler Politik, Philosophie und Geschichtsschreibung. In: IASL 18 (1993).

31 Auch Ruth Klüger erkennt die Parallele der beiden Romane. Sie bezeichnet Martin Walsers Roman Tod eines Kritikers als „Bastardkind des ‚Hungerpastors'. Der Titelheld von Walsers Erzählung ist ein seelenloser und korrupter jüdischer Macher und Manipulierer auf dem literarischen Markt, ein bösartiger Kritiker, der germanischen Frauen nachstellt. Sein Gegenspieler ist ein aufrechter und begabter deutscher Schriftsteller, dessen Innenleben den Drang zum Höheren beherbergt, der mit der Natur Kontakt hat und die deutschen Mystiker studiert." (Ruth Klüger: Die Säkularisierung des Judenhasses am Beispiel vom Wilhelm Raabes „Der Hungerpastor". In: Bogdal et al. 2007, S. 103–110.)

32 Zur Umwegkommunikation siehe: Werner Bergmann/Rainer Erb: Kommunikationslatenz, Moral und öffentliche Meinung. Theoretische Überlegungen zum Antisemitismus in der Bundesrepublik Deutschland. In: Kölner Zeitschrift für Soziologie und Sozialpsychologie 38, 2 (1986). S. 223–246 und Jan Weyand: Das Konzept der Kommunikationslatenz und der Fortschritt in der soziologischen Antisemitismusforschung. In: Jahrbuch für Antisemitismusforschung 26 (2017). S. 36–58.

4 Anhang

Zusätzliche Literaturhinweise

Zu Antisemitismus im Schulkontext:

Fechler, Bernd/ Kößler, Gottfried/Messerschmidt, Astrid/Schäuble, Barbara (Hg.): Neue Judenfeindschaft? Perspektiven für den pädagogischen Umgang mit dem globalisierten Antisemitismus, hg. im Auftrag des Fritz Bauer Instituts und der Jugendbegegnungsstätte Anne Frank. Frankfurt a. Main/New York (2006).

Zu Antisemitismus und deutschsprachiger Literatur allgemein:

Gubser, Martin: Literarischer Antisemitismus. Untersuchungen zu Gustav Freytag und anderen bürgerlichen Schriftstellern des 19. Jahrhunderts. Göttingen (1998).

Körte, Mona: „Das Bild des Juden in der Literatur". Bemühungen und Grenzen von Literaturwissenschaft und Antisemitismusforschung. In: Jahrbuch für Antisemitismusforschung. Band 7, Frankfurt/Main, New York (1998), S. 140–150.

Zu Antisemitismus und deutschsprachiger Literatur vor dem Nationalsozialismus:

Horch, Hans-Otto/Denkler, Horst (Hg.): Conditio Judaica. Judentum, Antisemitismus und deutschsprachige Literatur vom 18. Jahrhundert bis zum Ersten Weltkrieg. Teil 1. Tübingen (1988).

Klüger, Ruth: Katastrophen. Über deutsche Literatur. Göttingen (1994).

Zu Antisemitismus und deutschsprachiger Literatur nach 1945:

Bogdal, Klaus-Michael/Holz, Klaus/Lorenz, Matthias N. (Hg.): Literarischer Antisemitismus nach Auschwitz. Stuttgart (2007).

Literatur

Bergmann, Werner/Erb, Rainer: Kommunikationslatenz, Moral und öffentliche Meinung. Theoretische Überlegungen zum Antisemitismus in der Bundesrepublik Deutschland. In: Kölner Zeitschrift für Soziologie und Sozialpsychologie 38, 2 (1986), S. 223–246.

Bogdal, Klaus-Michael: Literarischer Antisemitismus nach Auschwitz. Perspektiven der Forschung. In: Literarischer Antisemitismus nach Auschwitz. Hg. von Bogdal, Klaus-Michael/Holz, Klaus/ Lorenz, Matthias N. Stuttgart 2007, S. 1–12.

Hasan-Rokem, Galit: Ahasver. In: Enzyklopädie jüdischer Geschichte und Kultur. Band 1. Hg. von Dan Diner. Stuttgart 2011, S. 9–13.

Klüger, Ruth: Die Säkularisierung des Judenhasses am Beispiel vom Wilhelm Raabes „Der Hungerpastor". In: Bogdal et al. 2007, S. 103–110.

Körte, Mona/Stockhammer, Robert: Ahasvers Spur. Dichtungen und Dokumente vom „Ewigen Juden". Leipzig 1995.

Körte, Mona: Erlkönigs Kinder. Überlegungen zu Martin Walsers Roman „Tod eines Kritikers". In: Jahrbuch für Antisemitismusforschung 11 2002, S. 295–310.

Körte, Mona: „Judaeus ex machina" und „jüdisches ‚perpetuum mobile'". Technik oder Demontage eines Literarischen Antisemitismus? In: Bogdal et al. 2007, S. 59–73.

Krobb, Florian: Was bedeutet literarischer Antisemitismus im 19. Jahrhundert. Ein Problemaufriss. In: Bogdal et al. 2007, S. 85–101.

Lorenz, Matthias N.: „Auschwitz drängt uns auf einen Fleck." Judendarstellung und Auschwitzdiskurs bei Martin Walser. Stuttgart 2005.

Rahmenlehrplan für den Unterricht in der gymnasialen Oberstufe. Deutsch. Hg. von Senatsverwaltung für Bildung, Jugend und Wissenschaft Berlin. Berlin 2014, S. 24–25.

Raabe, Wilhelm: Der Hungerpastor. In: Wilhelm Raabe. Sämtliche Werke. Band 6. Hg. von Karl Hoppe. Göttingen 2005.

Salzborn, Samuel: Antisemitismus als negative Leitidee der Moderne. Sozialwissenschaftliche Theorien im Vergleich. Frankfurt/Main 2010.

Sartre, Jean-Paul: Überlegungen zur Judenfrage. Gesammelte Werke. Bd. 2. Reinbek 1994.

Süselbeck, Jan: Die Totalität der Mitte. Gustav Freytags Figur Anton Wohlfahrt und Wilhelm Raabes Protagonist Hans Unwirrsch als ‚Helden' des antisemitischen ‚Bildungsromans' im 19. Jahrhundert. In: Ästhetischer Heroismus. Konzeptionelle und figurative Paradigmen des Helden. Hg. von Immer, Nikolas von/ Marwyck, Mareen van. Bielefeld 2013, S. 293–321.

Walser, Martin: Tod eines Kritikers. Frankfurt/Main, 2002.

Weyand, Jan: Das Konzept der Kommunikationslatenz und der Fortschritt in der soziologischen Antisemitismusforschung. In: Jahrbuch für Antisemitismusforschung 26 (2017), S. 36–58.

Die Autor(inn)en

Jennifer Heidtke studierte Kunstgeschichte und Geschichtswissenschaften an der Freien Universität Berlin und absolviert derzeit den Master Interdisziplinäre Antisemitismusforschung. Ihre Forschungsschwerpunkte umfassen visuellen Antisemitismus, antisemitismuskritische Bildungsarbeit, Museumspädagogik sowie partizipative Ausstellungskonzepte. Sie ist Co-Autorin und -Kuratorin der Ausstellung „Die Heyns – Es stehen Fragen im Raum". Gegenwärtig arbeitet sie als studentische Hilfskraft an der Archivierung und Erforschung der Sammlung Arthur Langerman.

Maria Kanitz ist Staatswissenschaftlerin und studiert im Master Interdisziplinäre Antisemitismusforschung. Ihre Forschungsschwerpunkte liegen in der Unterscheidung von Rassismus und Antisemitismus sowie der Korrelation von Antisemitismus und Antifeminismus. Sie hat kürzlich ihre Masterarbeit mit dem Titel „‚Gendergaga', ‚Femilobby', ‚Frühsexualisierung' … – Antifeminismus als Einstiegsideologie der Neuen Rechten" fertiggestellt. Sie lebt und arbeitet in Berlin.

Dr. Alexandra Kurth ist Politikwissenschaftlerin an der Justus-Liebig-Universität Gießen.

Annica Peter ist Historikerin und Autorin mit den thematischen Schwerpunkten Feminismus, Antifaschismus und Antisemitismus. Als ausgebildete Seminarleiterin hat sie Erfahrung in der Arbeit mit Schulklassen und verbindet diese Praxis mit ihrem derzeitigen Studium der Interdisziplinären Antisemitismusforschung.

Prof. Dr. Samuel Salzborn ist apl. Professor für Politikwissenschaft am Institut für Politikwissenschaft der Justus-Liebig-Universität Gießen und war von 2017–2019 Gastprofessor für Antisemitismusforschung am Zentrum für Antisemitismusforschung der Technischen Universität Berlin.

Laura Schlagheck ist Sozialwissenschaftlerin und studiert im Master Interdisziplinäre Antisemitismusforschung. Ihre Forschungsschwerpunkte liegen auf der Analyse von Geschlecht im Kontext von Antisemitismus sowie in der theoretischen Differenzierung von Antisemitismus und Rassismus.

Rahel Stennes schließt im Frühjahr 2020 ihr Masterstudium der Neuerern Deutschen Literatur an der FU Berlin ab und ist Studentin der Interdisziplinären Antisemitismusforschung an der TU Berlin. Zu ihren Forschungsschwerpunkten gehören Antisemitismus, Nationalismus und Emanzipationskonzepte in der Literatur des 19. Jahrhunderts. Letzte Publikation: Der Jude und der Philister. Die Konstruktion komplementärer Feindbilder bei Clemens Brentano, in: Jahrbuch für Antisemitismusforschung 27 (2018).